Deus Todo-poderoso,
Pai de nosso Senhor Jesus Cristo,
concede-nos, oramos,
que possamos estar fundamentados
e firmes na Tua verdade
pela vinda do Teu Espírito Santo
ao nosso coração.

O que não sabemos,
revela-nos;
o que está faltando em nós, completa;
o que sabemos, confirma em nós;
e mantém-nos irrepreensíveis em Teu serviço,
por Jesus Cristo, nosso Senhor.

Amém.

IMERSÃO

Uma nova experiência de leitura bíblica

O que é a Bíblia Imersão?

A *Bíblia Imersão* combina duas ideias para proporcionar um encontro inovador com as Escrituras: um formato de leitura agradável, sem elementos extras, e conversas abertas sobre a leitura, em que todos podem participar livremente.

Nesta edição, mantém-se a integralidade do texto bíblico; porém foram removidas as marcações de capítulos e versículos, os cabeçalhos de assuntos e as notas de rodapé, que são acréscimos históricos posteriores aos textos originais. Além disso, a Bíblia Sagrada é apresentada em coluna única, com estilo fácil de ler.

Como a Bíblia Imersão *funciona?*

Com uma proposta incrivelmente simples, o formato exclusivo da *Bíblia Imersão* é um convite para a lermos a Bíblia inteira, como se lêssemos um livro, e nos envolvermos com a história sagrada.

Para aproveitar ao máximo sua experiência de leitura, convide amigos e familiares para se unirem a você nesta jornada. Sigam juntos o plano de leitura sugerido, reunindo-se uma vez por semana para discutir sobre o que leram, como um clube de leitores.

Seja para inspirar uma conversa em grupo ou para reflexão pessoal, use estas quatro perguntas para refletir sobre o que você leu:

1. O que se destacou para você nessa semana?
2. Houve algo confuso ou preocupante?
3. Alguma coisa o fez pensar de forma diferente sobre Deus?
4. Como isso pode mudar sua maneira de viver?

Mais recursos da Bíblia Imersão estão disponíveis em:
www.ministeriospaodiario.org/imersaobiblica

Publicações Pão Diário

NVT

INSTITUTE FOR BIBLE READING®
at Our Daily Bread Ministries

LUCAS e ATOS

Plano de leitura de 4 semanas

SEMANA 1 Lucas

- ☐ Dia 1 pp. 1-6
- ☐ Dia 2 pp. 6-12
- ☐ Dia 3 pp. 13-19
- ☐ Dia 4 pp. 19-25
- ☐ Dia 5 pp. 25-31

SEMANA 2 Lucas

- ☐ Dia 6 pp. 31-37
- ☐ Dia 7 pp. 37-42
- ☐ Dia 8 pp. 42-46
- ☐ Dia 9 pp. 46-51
- ☐ Dia 10 pp. 51-59

SEMANA 3 Atos

- ☐ Dia 11 pp. 61-66
- ☐ Dia 12 pp. 66-70
- ☐ Dia 13 pp. 70-74
- ☐ Dia 14 pp. 74-77
- ☐ Dia 15 pp. 77-82

SEMANA 4 Atos

- ☐ Dia 16 pp. 82-89
- ☐ Dia 17 pp. 89-95
- ☐ Dia 18 pp. 95-101
- ☐ Dia 19 pp. 101-108
- ☐ Dia 20 pp. 108-112

IMERSÃO

Uma nova experiência de leitura bíblica

LUCAS e ATOS

Publicações Pão Diário

EM PARCERIA COM

Tyndale House Publishers
Carol Stream, Illinois

INSTITUTE FOR BIBLE READING.
at Our Daily Bread Ministries

www.ministeriospaodiario.org/imersaobiblica

Originalmente publicado em inglês sob o título:
Luke & Acts, Immerse: The Reading Bible © 2017 Tyndale House Publishers
Recursos e auxílios bíblicos © 2017 Institute for Bible Reading.
Capa por Company Bell. Ilustrações © Rachael Van Dyke.

Caixa Postal 9740, 82620-981 Curitiba/PR | Tel.: (41) 3257-4028
www.publicacoespaodiario.com.br
Tradução: Céfora Carvalho. Revisão: Adolfo A. Hickmann, Jordânia A. Siqueira, Marília P. Lara
Adaptação gráfica e diagramação: Audrey Novac Ribeiro
1. Bíblia Sagrada 2. Vida cristã 3. Leitura bíblica 4. Espiritualidade

Código: JP789
ISBN: 978-65-5350-661-9

1ª edição: 2025
Impresso no Brasil

SUMÁRIO

Lucas e Atos constituem uma história em dois volumes do movimento cristão primitivo, escrita por um médico grego chamado Lucas, que foi companheiro de viagem do apóstolo Paulo.

Bem-vindo à

IMERSÃO

Uma nova experiência de leitura bíblica

A Bíblia é um grande presente. O Criador de todas as coisas entrou em nossa história humana e falou conosco. Ele inspirou pessoas ao longo de muitos séculos a moldarem palavras em livros que revelam Sua mente, trazendo sabedoria para nossa vida e luz para nossos caminhos. Mas a maior intenção de Deus para a Bíblia é nos convidar para a Sua história. Mais do que qualquer outra coisa, Deus quer que façamos do grande drama bíblico de restauração e nova vida a história da nossa vida também.

A maneira apropriada de receber um presente como esse é conhecer profundamente a Bíblia e nos perdermos nela precisamente para que possamos nos encontrar. Em outras palavras, precisamos mergulhar nas Escrituras, ler as palavras de Deus com atenção, sem distrações; ler com uma perspectiva histórica e literária mais profunda; e ler a Bíblia com amigos em um ritmo regular de três anos. *Imersão: Uma nova experiência de leitura bíblica* foi projetada especialmente para esse propósito.

A *Bíblia Imersão* apresenta cada livro bíblico sem as marcações de capítulos e versículos, cabeçalhos de assuntos ou notas de rodapé, que são acréscimos históricos posteriores aos textos originais. A Bíblia Sagrada — Nova Versão Transformadora é apresentada em formato de coluna única com estilo fácil de ler. Para oferecer uma perspectiva significativa, as introduções fornecem os contextos histórico e literário dos livros, e eles são frequentemente reordenados de forma cronológica, ou agrupados com outros livros que compartilham o mesmo público-alvo. Todos os recursos desta Bíblia exclusiva aumentam a oportunidade de os leitores se envolverem com as palavras de Deus com clareza e simplicidade.

Apresentando a

BÍBLIA IMERSÃO

Muitas pessoas se sentem desanimadas na leitura bíblica devido ao seu tamanho e escopo, sem mencionar as fontes minúsculas e páginas finas. Tudo isso intimida tanto os novos leitores quanto os mais experientes, impedindo-os de mergulharem na Palavra de Deus. A causa desse problema não está na Bíblia em si, mas na forma como ela tem sido apresentada há gerações.

Atualmente, nossas Bíblias parecem livros de referência, um recurso para ser colocado na prateleira e consultado quando necessário. Isso nos leva a consumi-la como um livro de consulta: com pouca frequência e em pequenas partes. Mas as Escrituras são uma coleção de escritos que nos convidam a uma boa leitura e, além de tudo isso, são a Palavra de Deus! Há em nossos dias uma necessidade urgente de que os cristãos conheçam essa Palavra, e certamente a leitura bíblica é a melhor maneira de fazer isso, no entanto, ela precisa ser entendida em seus próprios termos. É preciso criar uma profunda familiaridade com cada um de seus livros, lendo-os por inteiro, e isso pode ser feito com a mudança de alguns hábitos em nossa forma de ler a Bíblia.

Em primeiro lugar, precisamos pensar na Bíblia como uma coleção de escritos redigidos em várias formas literárias conhecidas como *gêneros*. Cada forma utilizada nas Escrituras, seja um poema, uma história ou uma carta, foi escolhida por comunicar, juntamente com as palavras, verdades sobre Deus a pessoas reais. Veja "As formas literárias da Bíblia", na página 113, para obter mais explicações sobre alguns desses gêneros. O autor pode usar vários gêneros para contar uma história ou compor um livro inteiro apenas com um único gênero. Entretanto, mesmo quando os livros da Bíblia são formados por várias composições diferentes, como no caso de Salmos, elas são reunidas para dar a cada um deles uma unidade geral, como uma obra distinta em si mesma.

Em segundo lugar, reconhecendo que a Bíblia é composta de livros inteiros que contam uma história completa, devemos procurar entender seus ensinamentos e viver sua história. Para ajudar na compreensão dos leitores e levá-los a ler a Bíblia como livros completos, removemos todos os aditivos do texto bíblico. Esses acréscimos, embora inseridos com boas intenções, acumularam-se ao longo dos séculos, mudando a forma como as pessoas veem as Escrituras e o que acham que devem fazer com elas.

Os capítulos e versículos não são as unidades originais da Bíblia. Os últimos livros da Bíblia foram escritos no século 1 d.C.; no entanto, as divisões de capítulos foram acrescentadas no século 13, e as divisões de versículos que usamos hoje surgiram em meados do século 16. Portanto, durante a maior parte de sua história, a Bíblia não tinha capítulos ou versículos, eles foram introduzidos para que obras de referência, como comentários e concordâncias, pudessem ser criadas. No entanto, se confiarmos nesses acréscimos posteriores para orientar nossa leitura, frequentemente perdemos a estrutura original e natural dos livros, o que nos coloca em risco de perder a mensagem e o significado da Bíblia. Por esse motivo, removemos os marcadores de capítulo e versículo do texto, mas incluímos um intervalo de versículos na parte superior de cada página para facilitar a referência.

Essa edição também remove os títulos de seção encontrados na maioria das Bíblias. Eles também não são originais, mas obra de editores modernos. Esses títulos criam a impressão de que a Bíblia é composta de seções curtas e enciclopédicas, o que também pode nos incentivar a tratá-la como uma obra de consulta em vez de uma coleção de bons escritos que convidam a uma cativante leitura. Muitos títulos também podem estragar o suspense que os contadores de histórias inspirados procuraram criar para causar determinado efeito. Um exemplo disso está em um título que aparece com frequência no livro de Atos e anuncia de antemão: "A milagrosa fuga de Pedro".

Portanto, em vez de títulos de seção, a *Bíblia Imersão* usa espaçamento entre linhas e marcadores gráficos para refletir, de forma simples e elegante, as estruturas naturais dos livros da Bíblia. Por exemplo, na carta conhecida como 1 Coríntios, Paulo aborda 12 questões na vida da comunidade de Corinto. Nesta edição, as quebras de linha duplas e uma única cruz marcam o ensino que o apóstolo oferece para cada questão; as quebras de linha simples separam diferentes fases dos argumentos mais longos que ele apresenta para apoiar esses ensinos; e as quebras de linha triplas com três cruzes separam a abertura e o fechamento da carta do corpo principal. Os títulos das seções de uma Bíblia comum dividem esse mesmo texto em quase 30 partes. No entanto, essas divisões não dão nenhuma indicação de quais partes falam sobre o mesmo assunto ou onde o corpo principal da carta começa e termina.

As Bíblias modernas também incluem centenas de notas de rodapé e, muitas vezes, referências cruzadas em todo o texto. Embora esses recursos forneçam informações que podem ser úteis em determinados contextos, também há o perigo de que eles nos incentivem a tratar a Bíblia como uma obra de referência. Ficar indo e voltando entre o texto e as notas constantemente não é o mesmo que estar imerso na leitura.

Em terceiro lugar, a ordem em que os livros aparecem é outro fator importante para ler a Bíblia bem e com atenção. Durante a maior parte da história das Escrituras, seus livros não foram organizados em uma ordem fixa. Eles foram dispostos em uma grande variedade de ordens, de acordo com as necessidades e objetivos de cada apresentação. Em alguns casos, os livros do mesmo período foram colocados juntos. Em outros, tipos semelhantes de escritos foram colocados lado a lado. E, muitas vezes, eles eram organizados de acordo com a maneira como a comunidade os usava no culto.

A ordem que conhecemos hoje não se tornou fixa até a época próxima à invenção da prensa tipográfica no século 15, e tem muitas desvantagens. Por exemplo, ela apresenta as cartas de Paulo em ordem de extensão, da mais longa para a mais curta, e não na ordem em que ele as escreveu. Os livros dos profetas são divididos em grupos por tamanho, e os livros menores são organizados com base nas palavras que compartilham, arranjo que os coloca fora da ordem histórica e faz com que o leitor fique oscilando entre os séculos. Há muitas outras preocupações semelhantes no que conhecemos como a ordem tradicional.

Essa edição retorna à tradição de longa data da Igreja de organizar os livros da Bíblia para melhor atender aos objetivos de uma determinada apresentação. Para ajudar os leitores a se aprofundarem na história bíblica, colocamos as cartas de Paulo em sua provável ordem cronológica e os livros dos profetas são organizados de forma semelhante. Além disso, a coleção de livros proféticos é colocada imediatamente após a história de Israel, pois eles foram os mensageiros de Deus para o povo durante o desenrolar daquela história. Os demais livros do Antigo Testamento, conhecidos tradicionalmente como "Escritos", são colocados após os profetas e organizados por tipo de escrita. As introduções aos vários grupos de livros dessa Bíblia explicarão mais sobre como eles estão organizados e por quê.

Por fim, alguns livros completos da Bíblia foram divididos em partes ao longo do tempo. Por exemplo, os livros de Samuel e Reis formavam originalmente um único livro, mas foram convenientemente separados em quatro partes para que coubessem em antigos rolos de papiro. Da mesma forma, os livros de Crônicas, Esdras e Neemias são partes divididas de uma composição originalmente unificada. Nesta edição, essas duas obras mais longas foram novamente reunidas como Samuel–Reis e Crônicas–Esdras–Neemias. Além delas, Lucas e Atos também foram escritos como uma história unificada da vida de Jesus e do nascimento da comunidade de Seus seguidores. Esses dois volumes foram separados para que Lucas pudesse ser colocado junto com os outros evangelhos, mas, como foram feitos para serem lidos juntos, aqui eles foram reunidos como Lucas–Atos.

Tudo isso é apresentado em um formato *clean*, de coluna única, permitindo que cada uma das unidades básicas da Bíblia seja lida como os livros que são. As linhas da poesia hebraica podem ser facilmente vistas, e as histórias, os provérbios, as cartas e outros gêneros podem ser prontamente identificados. Em resumo, a *Bíblia Imersão* aproveita ao máximo o visual *clean* para proporcionar um encontro mais autêntico com as sagradas palavras de Deus.

Nossa oração é que o efeito combinado dessas mudanças visuais melhore sua experiência de leitura bíblica. Acreditamos que elas atendem bem às Escrituras e permitirão que você receba esses livros em seus próprios termos. Por fim, nosso principal objetivo é permitir que a Bíblia seja o livro que Deus inspirou para fazer uma poderosa obra em nossa vida.

UMA NARRAÇÃO SAGRADA

O drama bíblico em seis atos

O objetivo da leitura bíblica é entender os escritos sagrados com profundidade para que possamos aprendê-los e aplicá-los de forma adequada. Há vários passos nessa jornada rumo à sabedoria transformadora; um deles é reconhecer que a Bíblia é uma coleção de escritos com tipos variados: histórias, canções, cartas, profecias, obras de sabedoria, visões apocalípticas e muito mais. Como esses textos são obras literárias completas, é melhor lê-los como livros inteiros, cada um com sua própria mensagem, caráter literário e verdades espirituais. Também é importante lembrar que esses livros foram escritos para pessoas que viviam em situações históricas específicas no Mundo Antigo. Portanto, para compreendê-los bem, precisamos nos esforçar dentro de nossas possibilidades para entender cada um em seu próprio contexto histórico e cultural.

De modo geral, a Bíblia tem dois objetivos abrangentes: contar a história do plano de Deus para o Seu mundo e nos convidar para fazer parte dela. Mais do que qualquer outra coisa, a Bíblia é uma saga, é a longa e dramática história de como Deus tem trabalhado com a humanidade para alcançar a vida próspera que Ele sempre quis para o Seu mundo. Portanto, um fator importante para ler bem a Bíblia é lê-la como a grande história de Deus, que todos os livros bíblicos se juntam para narrar — passado, presente e futuro. Em conjunto, eles nos conduzem por inúmeros altos e baixos; grandes avanços para os propósitos de Deus, depois muitos retrocessos e perdas devastadoras. Mas o objetivo salvífico do Criador permanece o mesmo durante todo esse tempo: a redenção e o florescimento de toda a Sua criação.

Ler a Bíblia como essa história exige que reconheçamos que ela é progressiva em sua revelação. À medida que a história avança, sua luz aumenta. A redenção maior e a realização mais profunda são reveladas ato a ato. A revelação completa dos propósitos de Deus para a humanidade não pode ser extraída de uma única página da Bíblia. A essência das histórias é que elas *prosseguem*.

Para ser mais específico, a grande história da Bíblia está prosseguindo em direção a Jesus. É na aparição e na obra do Messias que encontramos a revelação mais clara e definitiva de quem é Deus e do que Ele está fazendo no mundo. Como diz a poderosa abertura do livro de Hebreus: "Por muito tempo Deus falou várias vezes e de diversas maneiras a nossos antepassados por meio dos profetas. E agora, nestes últimos dias, ele nos falou por meio do Filho [...] O Filho irradia a glória de Deus, expressa de forma exata quem Deus é".

Deus está convocando todos nós para abraçarmos Suas palavras sagradas, aprendermos Sua história e entrarmos nela. A saga bíblica se desenrola como um drama em seis atos, e seus principais acontecimentos estão descritos abaixo.

Ato um:

GÊNESE DO MUNDO

O drama bíblico começa com Deus criando os céus e a terra, mas, no princípio, a terra não tinha forma e era vazia. A primeira história da criação revela um Deus que repele o poder da anarquia e da desordem com Sua Palavra. Deus fala e traz ordem, formando o mundo em uma estrutura bem organizada. Em seguida, Ele preenche os espaços que cria com toda as belezas e maravilhas do Universo. A cada passo, é dito que Deus observa que Seu mundo é "bom" e, ao final, Ele observa que tudo é "muito bom".

Deus cria um conjunto de criaturas à Sua imagem: os seres humanos. Isso significa que fomos criados para representar o governo bom e vivificante do Criador para o resto do mundo. Deus nos incluiu para colaborar em Sua história desde o início. Ele é o Criador, o ator mais poderoso no drama bíblico, mas decidiu fazer as coisas em conjunto com os seres humanos à medida que a história avança. Fomos feitos para reinar sobre o mundo, porém, sempre subordinados a Deus. A raça humana determinará a forma e a direção das coisas mais do que qualquer outra criatura; o que acontece com a criação depende do papel que desempenhamos nessa saga.

Em seguida, aprendemos outro elemento crucial no drama: "No sétimo dia, Deus havia terminado sua obra de criação e descansou de todo o seu trabalho". Nos escritos do Mundo Antigo, quando se dizia que as divindades descansavam, significava que elas haviam fixado residência em seu templo (veja o Salmo 132). Esse momento-chave no início do mundo nos revela que Deus o considerou como Seu lar, o lugar onde Ele viveria.

Toda a história bíblica acontecerá no lugar que Deus escolheu para ser Seu templo, trabalhando com os representantes de Sua imagem para alcançar Seus propósitos. O céu e a terra foram planejados para estarem sempre unidos, sendo um só lar para Deus e o Seu povo. A história bíblica é construída sobre o alicerce da boa criação divina, que inclui uma vida plena e próspera no mundo de Deus, com todos os seus membros devidamente relacionados com seu Criador e uns com os outros.

Ato dois:

A REBELIÃO DA HUMANIDADE

A imagem de um paraíso bem regado e cheio de criaturas é rapidamente destruída. Deus está lá, caminhando pelo jardim na hora fresca do dia, procurando o homem e a mulher. Contudo, eles estão se escondendo dele, com medo das consequências de seu ato de desconfiança e rebelião. Eles foram enganados e iludidos pelo inimigo de Deus — a serpente, o acusador — e acabaram afastando-se do Senhor para seguir uma lei própria. Em vez de obedecerem à sabedoria daquele que criou o mundo, decidiram seguir seu próprio caminho.

Assim, Adão e Eva são expulsos do jardim e impedidos de retornar. Agora, eles terão que enfrentar uma terra e uma vida sem a bênção do Criador. Esse é o primeiro de muitos exílios na grande história da Bíblia: pessoas forçadas a deixar seus lares e a se afastar da presença de Deus. Em um sentido real, toda a história bíblica é sobre os esforços divinos para trazer a humanidade de volta ao Seu jardim, Sua morada, Seu templo.

Desse ponto em diante, os erros cometidos pela humanidade são apresentados como um desvio radical da visão fundamental de Deus. A história se desenrola rapidamente, com todos os conhecidos fracassos da história humana em plena exibição. O ciúme, o ódio, a vingança, a solidão, a vergonha e os atos de violência desempenham em conjunto seus papéis destrutivos no drama. O coração de Deus está partido. Em um grande *reset* divino, Ele decide eliminar a humanidade com um dilúvio, salvando apenas a família de Noé e os casais de animais, conforme Ele determinou.

A humanidade caiu em desgraça; ela ainda governa o mundo, mas muito mal. A criação está ferida. Onde havia uma vida abundante em Deus e com Ele, o pecado e a morte agora invadem e infectam tudo. Os esforços divinos para vencer essa rebelião criam o principal conflito no drama bíblico em curso. A restauração e a reconciliação são os objetivos do Senhor, sempre tendo a humanidade como sua parceira.

Entretanto, estamos no início da saga e, nesse ponto, há mais perguntas do que respostas. Será que Deus conseguirá acabar com a revolta de fato? A humanidade pode ser curada, restaurada e atraída de volta ao relacionamento fiel com seu Criador? Como isso poderia acontecer? Qual será o plano divino? E quanto a tudo o mais que Ele criou? Será que o restante da criação tem um futuro além dessa calamidade?

Ato três:

A MISSÃO DE ISRAEL

O que acontece na Bíblia é uma série de passos contínuos do Criador para restabelecer o que Ele pretendia desde o início. A história divina é grande; ela abrange todas as coisas, mas também é sempre pessoal.

Deus chama um homem cujo nome é Abrão, que mais tarde se torna Abraão, de Ur dos Caldeus, e o leva para uma nova terra, um novo futuro, uma nova esperança. Deus começa fazendo promessas: *Você é pequeno agora, Abrão, mas eu farei de você uma grande nação, o abençoarei e o tornarei famoso, e você será uma benção para todos.* A semente para a renovação da humanidade e a restauração da criação é plantada com esse homem e com a família e nação que virão dele: as 12 tribos de Israel.

Essas promessas divinas se encaixam em um padrão regular na história. Grandes avanços acontecem quando o Criador faz alianças ou acordos em momentos cruciais da história. Essas alianças começam com Deus fazendo promessas, mas também incluem a expectativa de uma resposta fiel de Seu povo. Vemos isso a seguir, quando os descendentes de Abraão estão em profunda angústia no Egito. Eles estão fora da terra que Deus lhes prometeu e se tornaram uma nação de escravos. Assim, o Senhor desce para agir com poder e salvar Seu povo, trabalhando com um novo líder: Moisés. Ele então faz uma aliança com toda a nação de Israel no monte Sinai.

Essa ação decisiva para Israel também cria outro padrão que aparecerá na história: *o êxodo.* A palavra significa "partida", porém, na Bíblia, ela passa a representar todos os elementos da salvação de Deus para Israel:

- liberdade da escravidão e da opressão;
- um relacionamento de aliança entre Deus, o Pai, e Seus filhos;
- a revelação das instruções de Deus para a vida;
- Deus descendo para viver entre o Seu povo no tabernáculo ou templo;
- a provisão de maná (pão) no deserto;
- ofertas e sacrifícios para expiar os pecados e reconciliar Deus e Seu povo;
- a dádiva de uma nova terra prometida repleta das bênçãos de Deus.

Israel deve agora ser um povo "modelo", uma nação de sacerdotes e uma luz para todas as nações, mostrando ao mundo quem é o Senhor e o que significa segui-lo. A terra de Israel deve ser uma recriação do jardim de Deus no início da Bíblia. Trabalhando com uma nação, o Criador se propõe a recuperar Suas intenções originais para toda a criação.

A maior parte do Antigo Testamento é um comentário sobre a fidelidade, ou não, de Israel a essa vocação. Infelizmente, Israel falha repetidamente, quebrando a aliança de Deus ao ignorar Suas instruções de justiça e vida correta e ao adorar outros deuses. Assim como Adão e Eva fizeram no início, o povo de Israel frequentemente escolhe fazer o que acha certo aos seus próprios olhos.

Mas Deus é paciente e continua se aproximando de Seu povo. Por meio de Seus servos, os profetas, Ele tanto convida quanto adverte Seu povo a permanecer fiel ao relacionamento de aliança com Ele. Deus faz outra aliança com o grande rei de Israel, Davi, prometendo que sua descendência terá um reino duradouro e governará para sempre. A esperança de Israel está ligada a essa linhagem real. Os profetas preveem um futuro rei que honrará a Deus, ensinará Seus caminhos e derrotará os inimigos de Israel.

A família de Abraão foi criada para desfazer a queda de Adão e Eva, no entanto, Israel persiste na idolatria e na injustiça, recusando-se a se arrepender e a se tornar a nação que o Senhor os chamou para ser. Com raiva e desânimo, Deus é obrigado a forçar Israel a se exilar na Babilônia, longe de Sua presença no templo. A nação é invadida, Jerusalém é destruída e queimada e o povo é novamente escravizado. Isso é devastador para a história bíblica. Israel deveria ser a resposta divina, o meio pelo qual a bênção voltaria a todos os povos, mas agora o plano do Criador parece estar em ruínas.

Mais uma vez, a história está repleta de perguntas: Israel pode ser salvo? Todo esse drama tem solução? O plano de redenção de Deus falhou? Ele pode encontrar uma maneira de trazer Seu favor, cura, restauração e vida de volta ao Seu mundo destruído?

—— Ato quatro: ——

O ADVENTO DO REI

Nos anos que antecederam o nascimento de Jesus de Nazaré, o império de Roma já estava proclamando sua própria versão das boas-novas. Dizia-se que os deuses haviam ordenado que o poderoso e virtuoso líder César Augusto governasse o mundo. De acordo com a inscrição do calendário de Priene na Ásia Menor, documento do século 9 a.C., o imperador era entendido como "um salvador para nós e para aqueles que virão depois de nós, para fazer cessar a guerra, para criar ordem em todos os lugares. O aniversário do deus Augusto foi o início para o mundo do evangelho [boas-novas] que chegou aos homens por meio dele". O mundo é um lugar de histórias concorrentes, e a história de Roma é a dominante quando Jesus entra em nossa saga.

A essa altura, Israel está há vários séculos sofrendo sob o domínio estrangeiro. O povo se pergunta quando Deus finalmente cumprirá todas as suas antigas promessas. Diferentes grupos oferecem várias visões do futuro de Israel. Os fariseus e os mestres da lei incentivam o povo a levar mais a sério o modo de vida distinto de Israel sob a lei divina. Os zelotes defendem uma rebelião violenta contra Roma, e os líderes que dirigem o templo reconstruído de Jerusalém protegem seu poder fazendo concessões aos seus senhores romanos.

Nesse mundo tumultuado, surge um novo mestre, um professor peregrino que faz uma única afirmação surpreendente: o reino de Deus está retornando a este mundo. Isso significa que o longo exílio de Israel está terminando. Deus está oferecendo perdão e renovação à nação. Jesus demonstra a verdade de Sua mensagem com sinais poderosos, mostrando que o Espírito do Senhor está com Ele. Jesus cura, perdoa, ressuscita os mortos e domina as forças das trevas que têm prejudicado o povo de Deus. Ele anuncia a chegada do reino de Deus, tanto em palavras quanto em ações.

Os líderes com outros propósitos rejeitam o convite e trabalham para enfraquecer Jesus, de modo que Suas palavras se transformam de receptivas para palavras de advertência. Uma grande catástrofe cairá sobre a nação se esse último e maior Mensageiro de Deus for rejeitado. A oposição persiste, e o conflito com os líderes de Israel chega ao auge enquanto Jesus está na cidade de Jerusalém.

Em sua última semana, a identidade de Jesus é revelada abertamente, não apenas como Mestre ou Profeta, mas como o tão esperado Messias de Israel. Jesus afirma ser o Filho de Davi. Ele havia sido batizado no rio Jordão, simbolizando um novo começo para a nação, havia escolhido 12 discípulos como um sinal de que as 12 tribos de Israel estavam renascendo, e agora reivindica autoridade sobre o templo e o purifica, expulsando os mercadores que vendiam sacrifícios ali. Isso acontece durante a celebração anual do êxodo de Israel, e Jesus compartilha uma última refeição de Páscoa com Seus discípulos. Com isso, Ele pretende mostrar que está prestes a iniciar um grande ato de resgate e salvação, um novo êxodo. Jesus diz a Seus seguidores que Sua morte iniciará a nova aliança com Israel, prometida pelos profetas. Esse é o momento decisivo para que o reino de Deus chegue com poder.

Finalmente, os líderes de Israel prendem Jesus e o entregam aos romanos para ser executado. Ele é pregado em uma cruz, com uma placa que anuncia de forma vexatória: "Este é o Rei dos Judeus". Certamente, parece que Jesus perdeu Sua tentativa de estabelecer o governo de Deus e que, no fim das contas, Ele não é Rei. Mas, três dias depois, Ele é vindicado, ressuscitando dos mortos e aparecendo aos Seus discípulos.

Acontece que Jesus foi voluntariamente para a morte como sacrifício pelos pecados do povo e, por meio disso, obteve uma vitória surpreendente sobre os poderes espirituais das trevas. Roma nunca foi o verdadeiro inimigo. Jesus enfrentou o pecado e a morte de forma direta e, ironicamente, por meio de Sua própria morte, esvaziando-os de seu poder sobre a humanidade. Sua ressurreição confirma Seu triunfo. Essa história inesperada do Messias de Israel revela o plano a longo prazo de Deus; todas as alianças anteriores levavam a essa. A vida e o ministério de Jesus reúnem todos os fios narrativos das Escrituras em uma história única e coerente. Por meio dele, Deus lançou Sua nova criação.

Ato cinco:

O CHAMADO DA COMUNIDADE

Israel foi escolhido para levar bênçãos a todos os povos. O Messias de Israel é Aquele por meio de quem essa antiga promessa se torna realidade. A vida, a morte, a ressurreição e a ascensão de Jesus à destra do Pai, agora com autoridade sobre todas as coisas: esse é o ponto central e o cumprimento da longa e sinuosa história da Bíblia. A obra de Jesus, enviado pelo Pai e empoderado pelo Espírito, é onde a história encontra a redenção e a restauração para as quais tem sido conduzida o tempo todo.

Todavia, como o mundo ouvirá essas boas-novas sobre a vitória de Jesus? Quando Jesus apareceu ressurreto pela primeira vez aos Seus discípulos, Ele disse: "Paz seja com vocês! Assim como o Pai me enviou, eu os envio". Os seguidores de Jesus receberam uma missão. Para um mundo escravizado por poderes malignos, preso em atos errados e idolatria, agora a liberdade e o perdão devem ser anunciados. Para um mundo confuso por alianças equivocadas, Jesus deve ser proclamado como Senhor e Rei. Para um mundo dividido por diferenças sociais, étnicas e tribais, uma nova e única humanidade na família de Deus deve ser revelada. A família de Abraão, renovada por meio do Messias, é encarregada de levar essa mensagem a toda a criação.

A missão divina se expande por meio do nascimento e do crescimento de novas comunidades de seguidores de Jesus. A fé e a lealdade a Ele são agora as principais marcas do povo renovado de Deus. Esses crentes são o novo templo do Senhor, o lugar onde Ele habita. Deus é adorado em espírito e em verdade, Sua justiça é abraçada, Seu amor é vivido. Ao não apenas acreditar em Jesus, mas também seguir Seus ensinamentos e andar em Seus caminhos, o povo de Deus é refeito à Sua imagem. Eles são chamados de volta à vocação humana original de refletir o governo gracioso de Deus para a criação.

Estamos vivendo esse ato do drama bíblico hoje. Se formos fiéis ao nosso chamado e à nossa restauração nesse segundo Adão, ou seja, em Jesus, seguiremos Seu padrão de servidão sofrida em prol dos outros. Somos chamados a improvisar adequadamente nossos próprios papéis na história salvadora de Deus com base no que aprendemos ao ler as Escrituras com profundidade. Em comunidade, elaboramos juntos como é o caminho de Jesus nos novos lugares e situações em que Deus nos colocou. E continuamos a orar e a ansiar pelo retorno do nosso Rei.

Ato seis:

DEUS VOLTA AO LAR

A história da Bíblia começa com Deus afastando os poderes do caos e da desordem para criar um lugar de beleza e bondade. Entretanto, os poderes voltaram, trazendo a injustiça e a rebelião para a criação-templo de Deus. Os portadores da imagem de Deus falharam com Ele. Desde então, toda a narrativa tem sido sobre Deus trabalhando, se esforçando e até mesmo lutando para purificar e restabelecer o lar que Ele pretendia. A virada decisiva ocorre quando o Criador se torna uma criatura, unindo-se completamente ao Seu povo para ajudá-lo e fortalecê-lo na batalha contra o mal.

O final desse grande drama ainda está à nossa frente. O Rei-Servo retornará para se juntar ao Seu povo mais uma vez. Jesus aparecerá como o legítimo Juiz e Governante do mundo, retificando todas as coisas. O mal será destruído e a criação será renovada. Jesus destruirá tudo que escraviza o mundo à tristeza, dor, violência, morte e decadência. Todas as coisas se tornarão novas. A glória de Deus encherá todo o cosmos, Seu templo. A vitória do Deus da vida será completa.

Os súditos de Deus ressuscitarão dos mortos em corpos físicos, totalmente humanos e totalmente restaurados. Eles retomarão seu primeiro chamado: serem cidadãos cheios do Espírito, adoradores de Deus e criadores de cultura em num novo céu e numa nova terra. Povos de todas as tribos, línguas e nações caminharão pela luz divina e trarão esplendor e glória à Sua cidade, a nova Jerusalém. Deus descerá e fará Seu lar conosco aqui, em Sua criação renovada.

Levanta-te, SENHOR, e entra no teu lugar de descanso [...]
Que teus fiéis cantem de alegria.
SALMO 132:8-9

INTRODUÇÃO A *LUCAS E ATOS*

A HISTÓRIA MAIS LONGA DO NOVO TESTAMENTO, que preenche um quarto de suas páginas, foi originalmente dirigida a uma pessoa. O autor dedica essa série em dois volumes, que abrangem a vida de Jesus e a Igreja Primitiva, ao "excelentíssimo Teófilo". Esse nome grego mostra que ele era um gentio e, portanto, não judeu, e seu título sugere que provavelmente ele era um oficial romano.

Essa história do movimento cristão do primeiro século foi escrita em meados dos anos 60 d.C., bem na época em que o governo romano se tornou hostil aos seguidores de Jesus. É possível que Teófilo estivesse sendo pressionado a abandonar sua fidelidade a Cristo. Ao mesmo tempo, alguns crentes judeus estavam questionando o lugar dos gentios em um movimento dedicado a um Messias judeu. Portanto, não há dúvidas de que Teófilo gostaria de receber a garantia de que o que tinha ouvido sobre Jesus era genuíno e que as boas-novas eram realmente destinadas a gentios como ele.

Lucas estava em uma posição ímpar para responder a essas perguntas. Ele havia trabalhado em estreita colaboração com Paulo, que levou a mensagem de Jesus aos gentios que viviam em grande parte do Império Romano. Lucas foi capaz de contar partes importantes da história por experiência própria e, por ser instruído e alfabetizado, também pôde pesquisar e registrar a história daquele movimento.

As boas-novas de Cristo convidaram judeus e gentios a se unirem em uma única e nova família. Assim, crentes de todas as origens se beneficiaram do relato lucano sobre a história de salvação de Deus para o mundo inteiro, que teve um cumprimento surpreendente em Jesus.

O primeiro volume, Lucas, começa com um prólogo sobre as circunstâncias notáveis que envolveram o nascimento e os primeiros dias de Jesus. Desde o início, a história mostra como Jesus foi enviado como o Rei de Israel há muito prometido e o Salvador do mundo inteiro.

Após a introdução, esse evangelho é dividido em três partes principais:

A primeira seção descreve o ministério inicial de Jesus na região norte de Israel, na Galileia, onde ele anuncia "as boas-novas do reino de Deus".

Lucas então retrata Jesus viajando para o sul em direção a Jerusalém, onde Ele cumpre Seu chamado e destino. Ao longo do caminho, Jesus continua a mostrar como a chegada do reino de Deus na terra significa liberdade para os oprimidos e boas-vindas para os forasteiros.

A terceira seção mostra a missão de Cristo chegando ao seu clímax na antiga capital de Israel, Jerusalém. Durante a festa judaica da Páscoa, seus inimigos conspiram para que Ele seja executado em uma cruz romana. Mas depois Jesus ressuscita dos mortos com autoridade real, vencendo a grande batalha de Deus contra o pecado e a morte.

O segundo volume, Atos, descreve como a primeira comunidade de seguidores de Jesus levou a mensagem sobre Ele a todas as nações. Em seis fases diferentes, as boas-novas sobre Jesus rompem algumas barreiras significativas à medida que avançam. Cada fase termina com uma versão resumida da declaração: "a mensagem de Deus continuou a se espalhar. O número de discípulos se multiplicava".

Fase um: A mensagem ultrapassa uma barreira linguística quando a comunidade de Jerusalém dá as boas-vindas aos falantes de grego (p. 61-70).

Fase dois: A mensagem ultrapassa uma barreira geográfica ao se espalhar pela Judeia e Samaria (p. 70-77).

Fase três: Uma significativa barreira religiosa e étnica é quebrada quando a comunidade recebe os gentios (p. 77-82).

Fase quatro: Outra barreira geográfica é quebrada quando as boas-novas chegam à Ásia Menor (p. 82-89).

Fase cinco: Mais uma barreira geográfica é quebrada quando as boas-novas se espalham pela Grécia, o centro cultural do Mediterrâneo Antigo (p. 89-95).

Fase seis: As boas-novas sobre Jesus, o Messias, chegam até Roma, o coração do império (p. 95-112).

Dessa forma, Lucas e Atos completam seu duplo movimento: primeiro, Jesus foi a Jerusalém para completar Sua grande obra por meio de Seu sofrimento, morte e ressurreição; segundo, a perseguição a Seus seguidores levou as boas-novas de Jerusalém para Roma. Nessa história combinada, é revelado que Jesus é o Rei prometido de Israel e o verdadeiro Governante do mundo.

LUCAS

Muitos se propuseram a escrever uma narração dos acontecimentos que se cumpriram entre nós. Usaram os relatos que nos foram transmitidos por aqueles que, desde o princípio, foram testemunhas oculares e servos da palavra. Depois de investigar tudo detalhadamente desde o início, também decidi escrever-lhe um relato preciso, excelentíssimo Teófilo, para que tenha plena certeza de tudo que lhe foi ensinado.

+ + +

Quando Herodes era rei da Judeia, havia um sacerdote chamado Zacarias, que fazia parte do grupo sacerdotal de Abias. Sua esposa, Isabel, também pertencia à linhagem sacerdotal de Arão. Zacarias e Isabel eram justos aos olhos de Deus e obedeciam cuidadosamente a todos os mandamentos e estatutos do Senhor. Não tinham filhos, pois Isabel era estéril, e ambos já estavam bem velhos.

Certo dia, Zacarias estava servindo diante de Deus no templo, pois seu grupo realizava o trabalho sacerdotal, conforme a escala. Foi escolhido por sorteio, como era costume dos sacerdotes, para entrar no santuário do Senhor e queimar incenso. Enquanto o incenso era queimado, uma grande multidão orava do lado de fora.

Então um anjo do Senhor lhe apareceu, à direita do altar de incenso. Ao vê-lo, Zacarias ficou muito abalado e assustado. O anjo, porém, lhe disse: "Não tenha medo, Zacarias! Sua oração foi ouvida. Isabel, sua esposa, lhe dará um filho, e você o chamará João. Você terá grande satisfação e alegria, e muitos se alegrarão com o nascimento do menino, pois ele será grande aos olhos do Senhor. Nunca tomará vinho nem outra bebida forte. Será cheio do Espírito Santo, antes mesmo de nascer. Fará muitos israelitas voltarem ao Senhor, seu Deus. Será um homem com o espírito e o poder de Elias, e preparará o povo para a vinda do Senhor. Fará o coração dos pais voltar para seus filhos e levará os rebeldes a aceitarem a sabedoria dos justos".

Zacarias disse ao anjo: "Como posso ter certeza de que isso acontecerá? Já sou velho, e minha mulher também é de idade avançada".

O anjo respondeu: "Sou Gabriel, e estou sempre na presença de Deus. Foi ele quem me enviou para lhe trazer estas boas-novas. Agora, porém, você ficará mudo até os dias em que essas coisas acontecerão, pois não acreditou em minhas palavras, que se cumprirão no devido tempo".

Enquanto isso, o povo esperava Zacarias sair do santuário e se perguntava por que ele demorava tanto. Quando finalmente saiu, não conseguia falar com eles, e perceberam por seus gestos e seu silêncio que ele havia tido uma visão no santuário.

Ao fim de seus dias de serviço no templo, Zacarias voltou para casa. Pouco tempo depois, sua esposa, Isabel, engravidou e não saiu de casa por cinco meses. "Como o Senhor foi bom para mim em minha velhice!", exclamou ela. "Tirou de mim a humilhação pública de não ter filhos!"

No sexto mês da gestação de Isabel, Deus enviou o anjo Gabriel a Nazaré, uma cidade da Galileia, a uma virgem de nome Maria. Ela estava prometida em casamento a um homem chamado José, descendente do rei Davi. Gabriel apareceu a ela e lhe disse: "Alegre-se, mulher favorecida! O Senhor está com você!".

Confusa, Maria tentou imaginar o que o anjo quis dizer. "Não tenha medo, Maria", disse o anjo, "pois você encontrou favor diante de Deus. Ficará grávida e dará à luz um filho, e o chamará Jesus. Ele será grande, e será chamado Filho do Altíssimo. O Senhor Deus lhe dará o trono de seu antepassado Davi, e ele reinará sobre Israel para sempre; seu reino jamais terá fim!"

Maria perguntou ao anjo: "Como isso acontecerá? Eu sou virgem!".

O anjo respondeu: "O Espírito Santo virá sobre você, e o poder do Altíssimo a cobrirá com sua sombra. Portanto, o bebê que vai nascer será santo, e será chamado Filho de Deus. Além disso, sua parenta, Isabel, ficou grávida em idade avançada. As pessoas diziam que ela era estéril, mas ela concebeu um filho e está no sexto mês de gestação. Pois nada é impossível para Deus".

Maria disse: "Sou serva do Senhor. Que aconteça comigo tudo que foi dito a meu respeito". E o anjo a deixou.

Alguns dias depois, Maria dirigiu-se apressadamente à região montanhosa da Judeia, à cidade onde Zacarias morava. Ela entrou na casa e saudou Isabel. Ao ouvir a saudação de Maria, o bebê de Isabel se agitou dentro dela, e Isabel ficou cheia do Espírito Santo.

Em alta voz, Isabel exclamou: "Você é abençoada entre as mulheres, e abençoada é a criança em seu ventre! Por que tenho a grande honra de receber a visita da mãe do meu Senhor? Quando ouvi sua saudação, o bebê em meu ventre se agitou de alegria. Você é abençoada, pois creu no que o Senhor disse que faria!".

Maria respondeu:

"Minha alma exalta ao Senhor!
Como meu espírito se alegra em Deus, meu Salvador!
Pois ele observou sua humilde serva,
e, de agora em diante, todas as gerações me chamarão abençoada.
Pois o Poderoso é santo,
e fez grandes coisas por mim.
Demonstra misericórdia a todos que o temem,
geração após geração.
Seu braço poderoso fez coisas tremendas!
Dispersou os orgulhosos e os arrogantes.
Derrubou príncipes de seus tronos
e exaltou os humildes.
Encheu de coisas boas os famintos
e despediu de mãos vazias os ricos.
Ajudou seu servo Israel
e lembrou-se de ser misericordioso.
Pois assim prometeu a nossos antepassados,
a Abraão e a seus descendentes para sempre".

Maria ficou com Isabel cerca de três meses, e então voltou para casa.

Chegado o tempo de seu bebê nascer, Isabel deu à luz um filho. Vizinhos e parentes se alegraram ao tomar conhecimento de que o Senhor havia sido tão misericordioso com ela.

Quando o bebê estava com oito dias, eles vieram para a cerimônia de circuncisão. Queriam chamar o menino de Zacarias, como o pai, mas Isabel disse: "Não! Seu nome é João!".

Então eles lhe disseram: "Não há ninguém em sua família com esse nome", e com gestos perguntaram ao pai como queria chamar o bebê. Ele pediu que lhe dessem uma tabuinha e, para surpresa de todos, escreveu: "Seu nome é João". No mesmo instante, Zacarias voltou a falar e começou a louvar a Deus.

Toda a vizinhança se encheu de temor, e a notícia do que havia acontecido se espalhou por toda a região montanhosa da Judeia. Todos que ficavam sabendo meditavam sobre esses acontecimentos e perguntavam: "O que vai ser esse menino?". Pois a mão do Senhor estava sobre ele.

Então seu pai, Zacarias, ficou cheio do Espírito Santo e profetizou:

"Seja bendito o Senhor, o Deus de Israel,
pois visitou e resgatou seu povo.
Ele nos enviou poderosa salvação
da linhagem real de seu servo Davi,
como havia prometido muito tempo atrás
por meio de seus santos profetas.
Agora seremos salvos de nossos inimigos
e de todos que nos odeiam.
Ele foi misericordioso com nossos antepassados
ao lembrar-se de sua santa aliança,
o juramento solene
que fez com nosso antepassado Abraão.
Prometeu livrar-nos de nossos inimigos
para o servirmos sem medo,
em santidade e justiça,
enquanto vivermos.

"E você, meu filhinho,
será chamado profeta do Altíssimo,
pois preparará o caminho para o Senhor.
Dirá a seu povo como encontrar salvação
por meio do perdão de seus pecados.
Graças à terna misericórdia de nosso Deus,
a luz da manhã, vinda do céu,
está prestes a raiar sobre nós,
para iluminar aqueles que estão na escuridão
e na sombra da morte
e nos guiar ao caminho da paz".

João cresceu e se fortaleceu em espírito. E viveu no deserto até chegar o tempo de se apresentar ao povo de Israel.

+

Naqueles dias, o imperador Augusto decretou um recenseamento em todo o império romano. (Esse foi o primeiro recenseamento realizado quando Quirino era governador da Síria.) Todos voltaram à cidade de origem para se registrar. Por ser descendente do rei Davi, José viajou da cidade de Nazaré da Galileia para Belém, na Judeia, terra natal de Davi, levando consigo Maria, sua noiva, que estava grávida.

E, estando eles ali, chegou a hora de nascer o bebê. Ela deu à luz seu primeiro filho, um menino. Envolveu-o em faixas de pano e deitou-o numa manjedoura, porque não havia lugar para eles na hospedaria.

Naquela noite, havia alguns pastores nos campos próximos, vigiando rebanhos de ovelhas. De repente, um anjo do Senhor apareceu entre eles, e o brilho da glória do Senhor os cercou. Ficaram aterrorizados, mas o anjo lhes disse: "Não tenham medo! Trago boas notícias, que darão grande alegria a todo o povo. Hoje em Belém, a cidade de Davi, nasceu o Salvador, que é Cristo, o Senhor! Vocês o reconhecerão por este sinal: encontrarão o bebê enrolado em faixas de pano, deitado numa manjedoura".

De repente, juntou-se ao anjo uma grande multidão do exército celestial, louvando a Deus e dizendo:

"Glória a Deus nos mais altos céus,
  e paz na terra àqueles de que Deus se agrada!".

Quando os anjos voltaram para o céu, os pastores disseram uns aos outros: "Vamos a Belém para ver esse acontecimento que o Senhor nos anunciou".

Indo depressa ao povoado, encontraram Maria e José, e lá estava o bebê, deitado na manjedoura. Depois de o verem, os pastores contaram a todos o que o anjo tinha dito a respeito da criança, e todos que ouviam a história dos pastores ficavam admirados. Maria, porém, guardava todas essas coisas no coração e refletia sobre elas. Os pastores voltaram, glorificando e louvando a Deus por tudo que tinham visto e ouvido. Tudo aconteceu como o anjo lhes havia anunciado.

Oito dias depois, quando o bebê foi circuncidado, chamaram-no Jesus, o nome que o anjo lhe tinha dado antes mesmo de ele ser concebido.

Então chegou o tempo da oferta de purificação, como era a exigência da lei de Moisés. Seus pais o levaram a Jerusalém para apresentá-lo ao Senhor, pois a lei do Senhor dizia: "Se o primeiro filho for menino, será consagrado ao Senhor". Assim, ofereceram o sacrifício exigido pela lei do Senhor: "duas rolinhas ou dois pombinhos".

Naquela época, vivia em Jerusalém um homem chamado Simeão. Ele era justo e devoto, e esperava ansiosamente pela restauração de Israel. O Espírito Santo estava sobre ele e lhe havia revelado que ele não morreria enquanto não visse o Cristo enviado pelo Senhor. Nesse dia, o Espírito o conduziu ao templo. Assim, quando Maria e José chegaram para apresentar o menino Jesus ao Senhor, como a lei exigia, Simeão tomou a criança nos braços e louvou a Deus, dizendo:

"Soberano Deus, agora podes levar em paz o teu servo,
como prometeste.
Vi a tua salvação,
que preparaste para todos os povos.
Ele é uma luz de revelação às nações
e é a glória do teu povo, Israel!".

Os pais de Jesus ficaram admirados com o que se dizia a respeito dele. Então Simeão os abençoou e disse a Maria, a mãe do bebê: "Este menino está destinado a provocar a queda de muitos em Israel, mas também a ascensão de tantos outros. Foi enviado como sinal de Deus, mas muitos resistirão a ele. Como resultado, serão revelados os pensamentos mais profundos de muitos corações, e você sentirá como se uma espada lhe atravessasse a alma".

A profetisa Ana, filha de Fanuel, da tribo de Aser, também estava no templo. Era muito idosa e havia perdido o marido depois de sete anos de casados e vivido como viúva até os 84 anos. Nunca deixava o templo, adorando a Deus dia e noite, em jejum e oração. Chegou ali naquele momento e começou a louvar a Deus. Falava a respeito da criança a todos que esperavam a redenção de Jerusalém.

Após cumprirem todas as exigências da lei do Senhor, os pais de Jesus voltaram para casa em Nazaré, na Galileia. Ali o menino foi crescendo, saudável e forte. Era cheio de sabedoria, e o favor de Deus estava sobre ele.

Todos os anos, os pais de Jesus iam a Jerusalém para a festa da Páscoa. Quando Jesus completou doze anos, foram à festa, como de costume. Terminada a celebração, partiram de volta para Nazaré, mas Jesus ficou para trás, em Jerusalém, sem que seus pais notassem sua falta. Pensaram que ele estivesse entre os demais viajantes, mas depois de caminharem um dia inteiro começaram a procurá-lo entre os parentes e amigos.

Como não o encontravam, voltaram a Jerusalém para procurá-lo. Por fim, depois de três dias, acharam Jesus no templo, sentado entre os mestres da lei, ouvindo-os e fazendo perguntas. Todos que o ouviam se admiravam de seu entendimento e de suas respostas.

Quando o viram, seus pais ficaram perplexos. Sua mãe lhe disse: "Filho, por que você fez isso conosco? Seu pai e eu estávamos aflitos, procurando você por toda parte".

"Mas por que me procuravam?", perguntou ele. "Não sabiam que eu devia estar na casa de meu Pai?" Não entenderam, porém, o que ele quis dizer.

Então voltou com os pais para Nazaré, e lhes era obediente. Sua mãe guardava todas essas coisas no coração.

Jesus crescia em sabedoria, em estatura e no favor de Deus e das pessoas.

+

Era o décimo quinto ano do reinado do imperador Tibério César. Pôncio Pilatos era governador da Judeia; Herodes Antipas governava a Galileia; seu irmão Filipe governava a Itureia e Traconites; e Lisânias governava Abilene. Anás e Caifás eram os sumos sacerdotes. Nesse ano, veio uma mensagem de Deus a João, filho de Zacarias, que vivia no deserto. João percorreu os arredores do rio Jordão, pregando o batismo como sinal de arrependimento para o perdão dos pecados. O profeta Isaías se referia a João quando escreveu em seu livro:

“Ele é uma voz que clama no deserto:
‘Preparem o caminho para a vinda do Senhor!
Abram uma estrada para ele!
Os vales serão aterrados,
e os montes e as colinas, nivelados.
As curvas serão endireitadas,
e os lugares acidentados, aplanados.
Então todos verão
a salvação enviada por Deus’”.

João dizia às multidões que vinham até ele para ser batizadas: “Raça de víboras! Quem os convenceu a fugir da ira que está por vir? Provem por suas ações que vocês se arrependeram. Não digam uns aos outros: ‘Estamos a salvo, pois somos filhos de Abraão’. Isso não significa nada, pois eu lhes digo que até destas pedras Deus pode fazer surgir filhos de Abraão. Agora mesmo o machado do julgamento está pronto para cortar as raízes das árvores. Toda árvore que não produz bons frutos será cortada e lançada ao fogo”.

As multidões perguntavam: “O que devemos fazer?”.

João respondeu: “Se tiverem duas vestimentas, deem uma a quem não tem. Se tiverem comida, dividam com quem passa fome”.

Cobradores de impostos também vinham para ser batizados e perguntavam: “Mestre, o que devemos fazer?”.

Ele respondeu: “Não cobrem impostos além daquilo que é exigido”.

“E nós?”, perguntaram alguns soldados. “O que devemos fazer?”

João respondeu: “Não pratiquem extorsão nem façam acusações falsas. Contentem-se com seu salário”.

Todos esperavam que o Cristo viesse em breve, e estavam ansiosos para saber se João era ele. João respondeu às perguntas deles, dizendo: “Eu os batizo com água, mas em breve virá alguém mais poderoso que eu, alguém tão superior que não sou digno de desatar as correias de suas sandálias. Ele os batizará com o Espírito Santo e com fogo. Ele já tem na mão a pá, e com ela separará a palha do trigo, a fim de limpar a área onde os cereais são debulhados. Juntará o trigo no celeiro, mas queimará a palha num fogo que nunca se apaga". João usou muitas advertências semelhantes ao anunciar as boas-novas ao povo.

João também criticou publicamente Herodes Antipas, o governador da Galileia, por ter se casado com Herodias, esposa de seu irmão, e por muitas outras maldades que havia cometido. A essas maldades Herodes acrescentou outra, mandando prender João.

Certo dia, quando as multidões estavam sendo batizadas, Jesus também foi batizado. Enquanto ele orava, o céu se abriu, e o Espírito Santo desceu sobre ele em forma corpórea como uma pomba. E uma voz do céu disse: "Você é meu filho amado, que me dá grande alegria".

Jesus estava com cerca de trinta anos quando começou seu ministério.

Jesus era conhecido como filho de José.
José era filho de Eli.
Eli era filho de Matate.
Matate era filho de Levi.
Levi era filho de Melqui.
Melqui era filho de Janai.
Janai era filho de José.
José era filho de Matatias.
Matatias era filho de Amós.
Amós era filho de Naum.
Naum era filho de Esli.
Esli era filho de Nagai.
Nagai era filho de Maate.
Maate era filho de Matatias.
Matatias era filho de Semei.
Semei era filho de Joseque.
Joseque era filho de Jodá.
Jodá era filho de Joanã.
Joanã era filho de Ressa.
Ressa era filho de Zorobabel.
Zorobabel era filho de Salatiel.
Salatiel era filho de Neri.
Neri era filho de Melqui.
Melqui era filho de Adi.

Adi era filho de Cosã.
Cosã era filho de Elmadã.
Elmadã era filho de Er.
Er era filho de Josué.
Josué era filho de Eliézer.
Eliézer era filho de Jorim.
Jorim era filho de Matate.
Matate era filho de Levi.
Levi era filho de Simeão.
Simeão era filho de Judá.
Judá era filho de José.
José era filho de Jonã.
Jonã era filho de Eliaquim.
Eliaquim era filho de Meleá.
Meleá era filho de Mená.
Mená era filho de Matatá.
Matatá era filho de Natã.
Natã era filho de Davi.
Davi era filho de Jessé.
Jessé era filho de Obede.
Obede era filho de Boaz.
Boaz era filho de Salmom.
Salmom era filho de Naassom.
Naassom era filho de Aminadabe.
Aminadabe era filho de Admim.
Admim era filho de Arni.
Arni era filho de Esrom.
Esrom era filho de Perez.
Perez era filho de Judá.
Judá era filho de Jacó.
Jacó era filho de Isaque.
Isaque era filho de Abraão.
Abraão era filho de Terá.
Terá era filho de Naor.
Naor era filho de Serugue.
Serugue era filho de Ragaú.
Ragaú era filho de Faleque.
Faleque era filho de Éber.
Éber era filho de Salá.
Salá era filho de Cainã.
Cainã era filho de Arfaxade.
Arfaxade era filho de Sem.

Sem era filho de Noé.
Noé era filho de Lameque.
Lameque era filho de Matusalém.
Matusalém era filho de Enoque.
Enoque era filho de Jarede.
Jarede era filho de Maalaleel.
Maalaleel era filho de Cainã.
Cainã era filho de Enos.
Enos era filho de Sete.
Sete era filho de Adão.
Adão era filho de Deus.

Jesus, cheio do Espírito Santo, voltou do rio Jordão e foi conduzido pelo Espírito no deserto, onde foi tentado pelo diabo durante quarenta dias. Não comeu nada durante todo esse tempo, e teve fome.

Então o diabo lhe disse: "Se você é o Filho de Deus, ordene que esta pedra se transforme em pão".

Jesus, porém, respondeu: "As Escrituras dizem: 'Uma pessoa não vive só de pão'".

Então o diabo o levou a um lugar alto e, num momento, lhe mostrou todos os reinos do mundo. "Eu lhe darei a glória destes reinos e autoridade sobre eles, pois são meus e posso dá-los a quem eu quiser", disse o diabo. "Eu lhe darei tudo se me adorar."

Jesus respondeu: "As Escrituras dizem:

'Adore o Senhor, seu Deus,
e sirva somente a ele'".

Então o diabo o levou a Jerusalém, até o ponto mais alto do templo, e disse: "Se você é o Filho de Deus, salte daqui. Pois as Escrituras dizem:

'Ele ordenará a seus anjos que o protejam.
Eles o sustentarão com as mãos,
para que não machuque o pé em alguma pedra'".

Jesus respondeu: "As Escrituras dizem:

'Não ponha à prova o Senhor, seu Deus'".

Quando o diabo terminou de tentar Jesus, deixou-o até que surgisse outra oportunidade.

+ + +

Então Jesus, cheio do poder do Espírito, voltou para a Galileia. Relatos a seu respeito se espalharam rapidamente por toda a região. Ele ensinava nas sinagogas, e todos o elogiavam.

Quando Jesus chegou a Nazaré, cidade de sua infância, foi à sinagoga no sábado, como de costume, e se levantou para ler as Escrituras. Entregaram-lhe o livro do profeta Isaías, e ele o abriu e encontrou o lugar onde estava escrito:

"O Espírito do Senhor está sobre mim,
  pois ele me ungiu para trazer as boas-novas aos pobres.
Ele me enviou para anunciar que os cativos serão soltos,
  os cegos verão,
os oprimidos serão libertos,
  e que é chegado o tempo do favor do Senhor".

Jesus fechou o livro, devolveu-o ao assistente e sentou-se. Todos na sinagoga o olhavam atentamente. Então ele começou a dizer: "Hoje se cumpriram as Escrituras que vocês acabaram de ouvir".

Todos falavam bem dele e estavam admirados com as palavras de graça que saíam de seus lábios. Contudo, perguntavam: "Não é esse o filho de José?".

Então ele disse: "Sem dúvida, vocês citarão para mim o ditado: 'Médico, cure a si mesmo', ou seja, 'Faça aqui, em sua cidade, o mesmo que fez em Cafarnaum'. Eu, porém, lhes digo a verdade: nenhum profeta é aceito em sua própria cidade.

"Por certo havia muitas viúvas necessitadas em Israel no tempo de Elias, quando o céu se fechou por três anos e meio e uma fome terrível devastou a terra. E, no entanto, Elias não foi enviado a nenhuma delas, mas sim a uma estrangeira, uma viúva de Sarepta, na região de Sidom. E havia muitos leprosos em Israel no tempo do profeta Eliseu, mas o único que ele curou foi Naamã, o sírio".

Quando ouviram isso, aqueles que estavam na sinagoga ficaram furiosos. Levantaram-se, expulsaram Jesus da cidade e o arrastaram até a beira do monte sobre o qual a cidade tinha sido construída. Pretendiam empurrá-lo precipício abaixo, mas ele passou por entre a multidão e seguiu seu caminho.

Então Jesus foi a Cafarnaum, uma cidade na Galileia, onde ensinava na sinagoga aos sábados. Ali também o povo ficou admirado com seu ensino, pois ele falava com autoridade.

Certa ocasião, estando ele na sinagoga, um homem possuído por um demônio, um espírito impuro, gritou: "Por que vem nos importunar, Jesus de Nazaré? Veio para nos destruir? Sei quem é você: o Santo de Deus!".

Jesus o repreendeu, dizendo: "Cale-se! Saia deste homem!". Então o espírito jogou o homem no chão à vista da multidão e saiu dele, sem machucá-lo.

Admirado, o povo exclamava: "Que autoridade e poder ele tem! Até os espíritos impuros lhe obedecem e saem quando ele ordena!". E as notícias a respeito de Jesus se espalharam pelos povoados de toda a região.

Depois de sair da sinagoga naquele dia, Jesus foi à casa de Simão, onde encontrou a sogra dele muito doente, com febre alta. Quando os presentes suplicaram por ela, Jesus se pôs ao lado da cama e repreendeu a febre, que a deixou. Ela se levantou de imediato e passou a servi-los.

Quando o sol se pôs, as pessoas trouxeram seus familiares enfermos até ele. Qualquer que fosse a doença, ao pôr as mãos sobre eles, Jesus curava a todos. Muitos estavam possuídos por demônios, que saíam gritando: "Você é o Filho de Deus!". Jesus, no entanto, os repreendia e não permitia que falassem, pois sabiam que ele era o Cristo.

Logo cedo na manhã seguinte, Jesus retirou-se para um lugar isolado. As multidões o procuravam por toda parte e, quando finalmente o encontraram, suplicaram que não as deixasse. Ele, porém, disse: "Preciso anunciar as boas-novas do reino de Deus também em outras cidades, pois para isso fui enviado". E continuou a anunciar sua mensagem nas sinagogas da Judeia.

+

Estando Jesus à beira do lago de Genesaré, grandes multidões se apertavam em volta dele para ouvir a palavra de Deus. Ele notou que, junto à praia, havia dois barcos vazios, deixados por pescadores que lavavam suas redes. Entrou num dos barcos e pediu a Simão, seu dono, que o afastasse um pouco da praia. Então sentou-se no barco e dali ensinou as multidões.

Quando terminou de falar, disse a Simão: "Agora vá para onde é mais fundo e lancem as redes para pescar".

Simão respondeu: "Mestre, trabalhamos duro a noite toda e não pegamos nada. Mas, por ser o senhor quem nos pede, vou lançar as redes novamente". Dessa vez, as redes ficaram tão cheias de peixes que começaram a se rasgar. Então pediram ajuda aos companheiros do outro barco, e logo os dois barcos estavam tão cheios de peixes que quase afundaram.

Quando Simão Pedro se deu conta do que havia acontecido, caiu de joelhos diante de Jesus e disse: "Por favor, Senhor, afaste-se de mim, porque sou homem pecador". Pois ele e seus companheiros ficaram espantados com a quantidade de peixes que haviam pescado, assim como seus sócios, Tiago e João, filhos de Zebedeu.

Jesus respondeu a Simão: "Não tenha medo! De agora em diante, você será pescador de gente". E, assim que chegaram à praia, deixaram tudo e seguiram Jesus.

Num povoado, Jesus encontrou um homem coberto de lepra. Quando o homem viu Jesus, prostrou-se com o rosto em terra e suplicou para ser curado, dizendo: "Se o senhor quiser, pode me curar e me deixar limpo".

Jesus estendeu a mão e o tocou. "Eu quero", respondeu. "Seja curado e fique limpo!" No mesmo instante, a lepra desapareceu. Então Jesus o instruiu a não contar a ninguém o que havia acontecido. "Vá e apresente-se ao sacerdote para que ele o examine", ordenou. "Leve a oferta que a lei de Moisés exige pela sua purificação. Isso servirá como testemunho."

Mas as notícias a seu respeito se espalhavam ainda mais, e grandes multidões vinham para ouvi-lo e para ser curadas de suas enfermidades. Ele, porém, se retirava para lugares isolados, a fim de orar.

Certo dia, enquanto Jesus ensinava, alguns fariseus e mestres da lei estavam sentados por perto. Eles vinham de todos os povoados da Galileia, da Judeia e de Jerusalém. E o poder do Senhor para curar estava sobre Jesus.

Alguns homens vieram carregando um paralítico numa maca. Tentaram levá-lo para dentro da casa, até Jesus, mas não conseguiram, por causa da multidão. Então subiram ao topo da casa e removeram uma parte do teto. Em seguida, baixaram o paralítico na maca até o meio da multidão, bem na frente dele. Ao ver a fé que eles tinham, Jesus disse ao paralítico: "Homem, seus pecados estão perdoados".

Mas os fariseus e mestres da lei pensavam: "Quem ele pensa que é? Isso é blasfêmia! Somente Deus pode perdoar pecados!".

Jesus, sabendo o que pensavam, perguntou: "Por que vocês questionam essas coisas em seu coração? O que é mais fácil dizer: 'Seus pecados estão perdoados?' ou 'Levante-se e ande'? Mas eu lhes mostrarei que o Filho do Homem tem autoridade na terra para perdoar pecados". Então disse ao paralítico: "Levante-se, pegue sua maca e vá para casa".

De imediato, à vista de todos, o homem se levantou, pegou sua maca e foi para casa louvando a Deus. Todos ficaram muito admirados e, cheios de temor, louvaram a Deus, exclamando: "Hoje vimos coisas maravilhosas!".

Depois disso, Jesus saiu da cidade e viu um cobrador de impostos chamado Levi sentado no local onde se coletavam impostos. "Siga-me", disse-lhe Jesus, e Levi se levantou, deixou tudo e o seguiu.

Mais tarde, Levi ofereceu um banquete em sua casa, em honra de Jesus. Muitos cobradores de impostos e outros convidados comeram com eles, mas os fariseus e mestres da lei se queixaram aos discípulos: "Por que vocês comem e bebem com cobradores de impostos e pecadores?".

Jesus lhes respondeu: "As pessoas saudáveis não precisam de médico, mas sim os doentes. Não vim para chamar os justos, mas sim os pecadores, para que se arrependam".

Algumas pessoas disseram a Jesus: "Os discípulos de João Batista jejuam e oram com frequência, e os discípulos dos fariseus também. Por que os seus vivem comendo e bebendo?".

Jesus respondeu: "Por acaso os convidados de um casamento jejuam enquanto festejam com o noivo? Um dia, porém, o noivo lhes será tirado, e então jejuarão".

Jesus também lhes apresentou a seguinte ilustração: "Ninguém rasgaria um pedaço de tecido de uma roupa nova para remendar uma roupa velha. Se o fizesse, estragaria a roupa nova, e o remendo não se ajustaria à roupa velha.

"E ninguém colocaria vinho novo em velhos recipientes de couro. Os recipientes velhos se arrebentariam, deixando vazar o vinho e estragando o recipiente. Vinho novo deve ser guardado em recipientes novos. E ninguém que bebe o vinho velho escolhe beber o vinho novo, pois diz: 'O vinho velho é melhor'".

Num sábado, enquanto Jesus caminhava pelos campos de cereal, seus discípulos colheram espigas, removeram a casca com as mãos e comeram os grãos. Alguns fariseus lhes disseram: "Por que vocês desobedecem à lei colhendo cereal no sábado?".

Jesus respondeu: "Vocês não leram nas Escrituras o que fez Davi quando ele e seus companheiros tiveram fome? Ele entrou na casa de Deus, comeu os pães sagrados que só os sacerdotes tinham permissão de comer e os deu também a seus companheiros". E acrescentou: "O Filho do Homem é senhor até mesmo do sábado".

Em outro sábado, enquanto Jesus ensinava na sinagoga, estava ali um homem cuja mão direita era deformada. Os mestres da lei e os fariseus observavam Jesus atentamente. Se ele curasse aquele homem, eles o acusariam, pois era sábado.

Jesus, porém, sabia o que planejavam e disse ao homem com a mão deformada: “Venha e fique aqui, diante de todos”, e o homem foi à frente. Então Jesus lhes disse: “Tenho uma pergunta para vocês: O que a lei permite fazer no sábado? O bem ou o mal? Salvar uma vida ou destruí-la?”.

Depois, olhando para cada um ao redor, disse ao homem: “Estenda a mão”. O homem estendeu a mão, e ela foi restaurada. Com isso, os inimigos de Jesus ficaram furiosos e começaram a discutir o que fazer contra ele.

+

Certo dia, pouco depois, Jesus subiu a um monte para orar e passou a noite orando a Deus. Quando amanheceu, reuniu seus discípulos e escolheu doze para serem apóstolos. Estes são seus nomes:

Simão, a quem ele chamou Pedro,
André, irmão de Pedro,
Tiago,
João,
Filipe,
Bartolomeu,
Mateus,
Tomé,
Tiago, filho de Alfeu,
Simão, apelidado de zelote,
Judas, filho de Tiago,
Judas Iscariotes, que se tornou o traidor.

Quando Jesus e os discípulos desceram do monte, pararam numa região plana e ampla. Havia ali muitos de seus seguidores e uma grande multidão vinda de todas as partes da Judeia, de Jerusalém e de lugares distantes ao norte, como o litoral de Tiro e Sidom. Tinham vindo para ouvi-lo e para ser curados de suas enfermidades, e os que eram atormentados por espíritos impuros eram curados. Todos procuravam tocar em Jesus, pois dele saía poder, e ele curava a todos.

Então Jesus se voltou para seus discípulos e disse:

“Felizes são vocês, pobres,
pois o reino de Deus lhes pertence.
Felizes são vocês que agora estão famintos,
pois serão saciados.
Felizes são vocês que agora choram,
pois no devido tempo rirão.

Felizes são vocês quando os odiarem e os excluírem, quando zombarem de vocês e os caluniarem como se fossem maus porque seguem o Filho do Homem. Quando isso acontecer, alegrem-se e exultem, porque uma grande recompensa os espera no céu. E lembrem-se de que os antepassados deles trataram os profetas da mesma forma.

“Que aflição espera vocês, ricos,
pois já receberam sua consolação!
Que aflição espera vocês que agora têm fartura,
pois um terrível tempo de fome os espera!
Que aflição espera vocês que agora riem,
pois em breve seu riso se transformará em lamento e tristeza!
Que aflição espera vocês que são elogiados por todos,
pois os antepassados deles também elogiaram falsos profetas!

“Mas a vocês que me ouvem, eu digo: amem os seus inimigos, façam o bem a quem os odeia, abençoem quem os amaldiçoa, orem por quem os maltratam. Se alguém lhe der um tapa numa face, ofereça também a outra. Se alguém exigir de você a roupa do corpo, deixe que leve também a capa. Dê a quem pedir e, quando tomarem suas coisas, não tente recuperá-las. Façam aos outros o que vocês desejam que eles lhes façam.

“Se vocês amam apenas aqueles que os amam, que mérito têm? Até os pecadores amam quem os ama. E, se fazem o bem apenas aos que fazem o bem a vocês, que mérito têm? Até os pecadores agem desse modo. E, se emprestam dinheiro apenas aos que podem devolver, que mérito têm? Até os pecadores emprestam a outros pecadores, na expectativa de receber tudo de volta.

“Portanto, amem os seus inimigos, façam-lhes o bem e emprestem a eles sem esperar nada de volta. Então a recompensa que receberão do céu será grande e estarão agindo, de fato, como filhos do Altíssimo, pois ele é bondoso até mesmo com os ingratos e perversos. Sejam misericordiosos, assim como seu Pai é misericordioso.

“Não julguem e não serão julgados. Não condenem e não serão condenados. Perdoem e serão perdoados. Deem e receberão. Sua dádiva lhes retornará em boa medida, compactada, sacudida para caber mais, transbordante e derramada sobre vocês. O padrão de medida que adotarem será usado para medi-los”.

Jesus deu ainda a seguinte ilustração: “É possível um cego guiar outro cego? Não cairão os dois num buraco? Os discípulos não são maiores que seu mestre. Mas o aluno bem instruído será como o mestre.

“Por que você se preocupa com o cisco no olho de seu amigo enquanto há um tronco em seu próprio olho? Como pode dizer: ‘Amigo, deixe-me ajudá-lo a tirar o cisco de seu olho', se não consegue ver o tronco em seu próprio olho? Hipócrita! Primeiro, livre-se do tronco em seu olho; então você verá o suficiente para tirar o cisco do olho de seu amigo.

"Uma árvore boa não produz frutos ruins, e uma árvore ruim não produz frutos bons. Uma árvore é identificada por seus frutos. Ninguém colhe figos de espinheiros, nem uvas de arbustos espinhosos. A pessoa boa tira coisas boas do tesouro de um coração bom, e a pessoa má tira coisas más do tesouro de um coração mau. Pois a boca fala do que o coração está cheio.

"Por que vocês me chamam 'Senhor! Senhor!', se não fazem o que eu digo? Eu lhes mostrarei como é aquele que vem a mim, ouve as minhas palavras e as pratica. Ele é como a pessoa que está construindo uma casa e que cava fundo e coloca os alicerces em rocha firme. Quando a água das enchentes sobe e bate contra essa casa, ela permanece firme, pois foi bem construída. Mas quem ouve e não obedece é como a pessoa que constrói uma casa sobre o chão, sem alicerces. Quando a água bater nessa casa, ela cairá, deixando uma pilha de ruínas".

+

Quando Jesus terminou de dizer tudo isso à multidão, entrou em Cafarnaum. Naquela ocasião, um escravo muito estimado de um oficial romano estava enfermo, à beira da morte. Quando o oficial ouviu falar de Jesus, mandou alguns líderes judeus lhe pedirem que fosse curar seu escravo. Os líderes suplicaram insistentemente que Jesus socorresse o homem, dizendo: "Ele merece sua ajuda, pois ama o povo judeu e até nos construiu uma sinagoga".

Jesus foi com eles, mas, antes de chegarem à casa, o oficial mandou alguns amigos para dizer: "Senhor, não se incomode em vir à minha casa, pois não sou digno de tamanha honra. Não sou digno sequer de ir ao seu encontro. Basta uma ordem sua, e meu servo será curado. Sei disso porque estou sob a autoridade de meus superiores e tenho autoridade sobre meus soldados. Só preciso dizer 'Vão', e eles vão, ou 'Venham', e eles vêm. E, se digo a meus escravos: 'Façam isto', eles fazem".

Quando Jesus ouviu isso, ficou admirado. Voltou-se para a multidão que o seguia e disse: "Eu lhes digo a verdade: jamais vi fé como esta em Israel!". E, quando os amigos do oficial voltaram para a casa dele, encontraram o escravo em perfeita saúde.

Logo depois, Jesus foi com seus discípulos à cidade de Naim, e uma grande multidão o seguiu. Quando ele se aproximou da porta da cidade, estava saindo o enterro do único filho de uma viúva, e uma grande multidão da cidade a acompanhava. Quando o Senhor a viu, sentiu profunda compaixão por ela. "Não chore!", disse ele. Então foi até o caixão, tocou nele e os carregadores pararam. E disse: "Jovem, eu lhe digo: levante-se!". O jovem que estava morto se levantou e começou a conversar, e Jesus o devolveu à sua mãe.

Grande temor tomou conta da multidão, que louvava a Deus, dizendo: "Um profeta poderoso se levantou entre nós!" e "Hoje Deus visitou seu povo!". Essa notícia sobre Jesus se espalhou por toda a Judeia e seus arredores.

Os discípulos de João Batista lhe contaram tudo que Jesus estava fazendo. Então João chamou dois de seus discípulos e os enviou ao Senhor, para lhe perguntar: "O senhor é aquele que haveria de vir, ou devemos esperar algum outro?".

Os dois discípulos de João encontraram Jesus e lhe disseram: "João Batista nos enviou para lhe perguntar: 'O senhor é aquele que haveria de vir, ou devemos esperar algum outro?'".

Naquela mesma hora, Jesus curou muitas pessoas de suas doenças, enfermidades e espíritos impuros, e restaurou a visão a muitos cegos. Em seguida, disse aos discípulos de João: "Voltem a João e contem a ele o que vocês viram e ouviram: os cegos veem, os aleijados andam, os leprosos são purificados, os surdos ouvem, os mortos são ressuscitados e as boas-novas são anunciadas aos pobres". E disse ainda: "Felizes são aqueles que não se sentem ofendidos por minha causa".

Depois que os discípulos de João saíram, Jesus começou a falar a respeito dele para as multidões: "Que tipo de homem vocês foram ver no deserto? Um caniço que qualquer brisa agita? Afinal, o que esperavam ver? Um homem vestido com roupas caras? Não, quem veste roupas caras e vive no luxo mora em palácios. Acaso procuravam um profeta? Sim, ele é mais que profeta. João é o homem ao qual as Escrituras se referem quando dizem:

> 'Envio meu mensageiro adiante de ti,
> e ele preparará teu caminho à tua frente'.

Eu lhes digo: de todos que nasceram de mulher, nenhum é maior que João Batista. E, no entanto, até o menor no reino de Deus é maior que ele".

Todos que ouviram as palavras de Jesus, até mesmo os cobradores de impostos, concordaram que o caminho de Deus era justo, pois tinham sido batizados por João. Os fariseus e mestres da lei, no entanto, rejeitaram o propósito de Deus para eles, pois recusaram o batismo de João.

"Assim, a que posso comparar o povo desta geração?", perguntou Jesus. "Como posso descrevê-los? São como crianças que brincam na praça. Queixam-se a seus amigos:

'Tocamos flauta,
e vocês não dançaram,
entoamos lamentos,
e vocês não choraram'.

Quando João Batista apareceu, não costumava comer e beber em público, e vocês disseram: 'Está possuído por demônio'. O Filho do Homem, por sua vez, come e bebe, e vocês dizem: 'É comilão e beberrão, amigo de cobradores de impostos e pecadores'. Mas a sabedoria é comprovada pela vida daqueles que a seguem."

Um dos fariseus convidou Jesus para jantar. Jesus foi à casa dele e tomou lugar à mesa. Quando uma mulher daquela cidade, uma pecadora, soube que ele estava jantando ali, trouxe um frasco de alabastro contendo um perfume caro. Em seguida, ajoelhou-se aos pés de Jesus, chorando. As lágrimas caíram sobre os pés dele, e ela os secou com seu cabelo; e continuou a beijá-los e a derramar perfume sobre eles.

Quando o fariseu que havia convidado Jesus viu isso, disse consigo: "Se este homem fosse profeta, saberia que tipo de mulher está tocando nele. Ela é uma pecadora!".

Jesus disse ao fariseu: "Simão, tenho algo a lhe dizer".

"Diga, mestre", respondeu Simão.

Então Jesus lhe contou a seguinte história: "Um homem emprestou dinheiro a duas pessoas: quinhentas moedas de prata a uma delas e cinquenta à outra. Como nenhum dos devedores conseguiu lhe pagar, ele generosamente perdoou ambos e cancelou suas dívidas. Qual deles o amou mais depois disso?".

Simão respondeu: "Suponho que aquele de quem ele perdoou a dívida maior".

"Você está certo", disse Jesus. Então voltou-se para a mulher e disse a Simão: "Veja esta mulher ajoelhada aqui. Quando entrei em sua casa, você não ofereceu água para eu lavar os pés, mas ela os lavou com suas lágrimas e os secou com seus cabelos. Você não me cumprimentou com um beijo, mas, desde a hora em que entrei, ela não parou de beijar meus pés. Você não me ofereceu óleo para ungir minha cabeça, mas ela ungiu meus pés com um perfume raro.

"Eu lhe digo: os pecados dela, que são muitos, foram perdoados e, por isso, ela demonstrou muito amor por mim. Mas a pessoa a quem pouco foi perdoado demonstra pouco amor". Então Jesus disse à mulher: "Seus pecados estão perdoados".

Os homens que estavam à mesa diziam entre si: "Quem é esse que anda por aí perdoando pecados?".

E Jesus disse à mulher: "Sua fé a salvou. Vá em paz".

+

Pouco tempo depois, Jesus começou a percorrer as cidades e os povoados vizinhos, anunciando as boas-novas a respeito do reino de Deus. Iam com ele os Doze e também algumas mulheres que tinham sido curadas de espíritos impuros e enfermidades. Entre elas estavam Maria Madalena, de quem ele havia expulsado sete demônios; Joana, esposa de Cuza, administrador de Herodes; Susana, e muitas outras que contribuíam com seus próprios recursos para o sustento de Jesus e seus discípulos.

Certo dia, uma grande multidão, vinda de várias cidades, juntou-se para ouvir Jesus, e ele lhes contou uma parábola: "Um lavrador saiu para semear. Enquanto espalhava as sementes pelo campo, algumas caíram à beira do caminho, onde foram pisadas, e as aves vieram e as comeram. Outras caíram entre as pedras e começaram a crescer, mas as plantas logo murcharam por falta de umidade. Outras sementes caíram entre os espinhos, que cresceram com elas e sufocaram os brotos. Ainda outras caíram em solo fértil e produziram uma colheita cem vezes maior que a quantidade semeada". Quando ele terminou de dizer isso, declarou: "Quem é capaz de ouvir, ouça com atenção!".

Seus discípulos lhe perguntaram o que a parábola significava. Ele respondeu: "A vocês é permitido entender os segredos do reino de Deus, mas uso parábolas para ensinar os outros, a fim de que,

'Quando olharem, não vejam;
quando escutarem, não entendam'.

"Este é o significado da parábola: As sementes são a palavra de Deus. As sementes que caíram à beira do caminho representam os que ouvem a mensagem, mas o diabo vem e a arranca do coração deles e os impede de crer e ser salvos. As sementes no solo rochoso representam os que ouvem a mensagem e a recebem com alegria. Uma vez, porém, que não têm raízes profundas, creem apenas por um tempo e depois desanimam quando enfrentam provações. As que caíram entre os espinhos representam outros que ouvem a mensagem, mas logo ela é sufocada pelas preocupações, riquezas e prazeres desta vida, de modo que nunca amadurecem. E as que caíram em solo fértil representam os que, com coração bom e receptivo, ouvem a mensagem, a aceitam e, com paciência, produzem uma grande colheita.

"Não faz sentido acender uma lâmpada e depois cobri-la com uma vasilha ou escondê-la debaixo da cama. Pelo contrário, ela é colocada num pedestal, de onde sua luz pode ser vista pelos que entram na casa. Da mesma forma, tudo que está escondido será revelado, e tudo que está oculto virá à luz e será conhecido por todos.

"Portanto, ouçam com atenção! Pois ao que tem, mais lhe será dado, mas do que não tem, até o que pensa ter lhe será tomado".

Então a mãe e os irmãos de Jesus foram vê-lo, mas não conseguiram chegar até ele por causa da multidão. Alguém disse a Jesus: "Sua mãe e seus irmãos estão lá fora e querem vê-lo".

Jesus respondeu: "Minha mãe e meus irmãos são aqueles que ouvem a palavra de Deus e a praticam".

+

Certo dia, Jesus disse a seus discípulos: "Vamos para o outro lado do mar". Assim, entraram num barco e partiram. Durante a travessia, Jesus caiu no sono. Logo, porém, veio sobre o mar uma forte tempestade. O barco começou a se encher de água, colocando-os em grande perigo.

Os discípulos foram acordá-lo, clamando: "Mestre, Mestre, vamos morrer!".

Quando Jesus despertou, repreendeu o vento e as ondas violentas. A tempestade parou, e tudo se acalmou. Então ele lhes perguntou: "Onde está a sua fé?".

Admirados e temerosos, os discípulos diziam entre si: "Quem é este homem? Quando ele ordena, até os ventos e o mar lhe obedecem!".

Então chegaram à região dos gadarenos, do outro lado do mar da Galileia. Quando Jesus desembarcou, um homem possuído por demônios veio ao seu encontro. Fazia muito tempo que ele não tinha casa nem roupas e vivia num cemitério fora da cidade.

Assim que viu Jesus, gritou e caiu diante dele. Então disse em alta voz: "Por que vem me importunar, Jesus, Filho do Deus Altíssimo? Suplico que não me atormente!". Pois Jesus já havia ordenado que o espírito impuro saísse dele. Esse espírito tinha dominado o homem em várias ocasiões. Mesmo quando era colocado sob guarda, com os pés e as mãos acorrentados, ele quebrava as correntes e, sob controle do demônio, corria para o deserto.

Jesus lhe perguntou: "Qual é o seu nome?".

"Legião", respondeu ele, pois havia muitos demônios dentro do homem. E imploravam que Jesus não os mandasse para o abismo.

Ali perto, uma grande manada de porcos pastava na encosta de uma colina, e os demônios suplicaram que ele os deixasse entrar nos porcos.

Jesus lhes deu permissão. Os demônios saíram do homem e entraram nos porcos, e toda a manada se atirou pela encosta íngreme para dentro do mar e se afogou.

Quando os que cuidavam dos porcos viram isso, fugiram para uma cidade próxima e para seus arredores, espalhando a notícia. O povo correu para ver o que havia ocorrido. Uma multidão se juntou ao redor de Jesus, e eles viram o homem que havia sido liberto dos demônios. Estava sentado aos pés de Jesus, vestido e em perfeito juízo, e todos tiveram medo. Os que presenciaram os acontecimentos contaram aos demais como o homem possuído por demônios tinha sido curado. Todo o povo da região dos gadarenos suplicou que Jesus fosse embora, pois ficaram muito assustados.

Então ele voltou ao barco e partiu. O homem que tinha sido liberto dos demônios suplicou para ir com ele, mas Jesus o mandou para casa, dizendo: "Volte para sua família e conte a eles tudo que Deus fez por você". E o homem foi pela cidade inteira, anunciando tudo que Jesus tinha feito por ele.

Do outro lado do mar, as multidões receberam Jesus com alegria, pois o estavam esperando. Então um homem chamado Jairo, um dos líderes da sinagoga local, veio e se prostrou aos pés de Jesus, suplicando que ele fosse à sua casa. Sua única filha, de cerca de doze anos, estava à beira da morte.

Jesus o acompanhou, cercado pela multidão. Uma mulher no meio do povo sofria havia doze anos de uma hemorragia, sem encontrar cura. Ela se aproximou por trás de Jesus e tocou na borda de seu manto. No mesmo instante, a hemorragia parou.

"Quem tocou em mim?", perguntou Jesus.

Todos negaram, e Pedro disse: "Mestre, a multidão toda se aperta em volta do senhor".

Jesus, no entanto, disse: "Alguém certamente tocou em mim, pois senti que de mim saiu poder". Quando a mulher percebeu que não poderia permanecer despercebida, começou a tremer e caiu de joelhos diante dele. Todos a ouviram explicar por que havia tocado nele e como havia sido curada de imediato. Então ele disse: "Filha, sua fé a curou. Vá em paz".

Enquanto Jesus ainda falava com a mulher, chegou um mensageiro da casa de Jairo, o líder da sinagoga, a quem disse: "Sua filha morreu. Não incomode mais o mestre".

Ao ouvir isso, Jesus disse a Jairo: "Não tenha medo. Apenas creia, e ela será curada".

Quando chegaram à casa de Jairo, Jesus não deixou que ninguém o acompanhasse, exceto Pedro, João, Tiago e o pai e a mãe da menina. A casa estava cheia de gente chorando e se lamentando, mas ele disse: "Parem de chorar! Ela não está morta; está apenas dormindo".

A multidão riu dele, pois todos sabiam que ela havia morrido. Então Jesus a tomou pela mão e disse em voz alta: "Menina, levante-se!". Naquele momento, ela voltou à vida e levantou-se de imediato. Então Jesus ordenou que dessem alguma coisa para ela comer. Os pais dela ficaram maravilhados, mas Jesus insistiu que não contassem a ninguém o que havia acontecido.

+

Jesus reuniu os Doze e lhes deu poder e autoridade para expulsar todos os demônios e curar enfermidades. Depois, enviou-os para anunciar o reino de Deus e curar os enfermos. Ele os instruiu, dizendo: "Não levem coisa alguma em sua jornada. Não levem cajado, nem bolsa de viagem, nem comida, nem dinheiro, nem mesmo uma muda de roupa extra. Aonde quer que forem, hospedem-se na mesma casa até partirem da cidade. E, se uma cidade se recusar a recebê-los, sacudam a poeira dos pés ao saírem, em sinal de reprovação".

Então começaram a percorrer os povoados, anunciando as boas-novas e curando os enfermos.

Quando Herodes Antipas ouviu falar de tudo que Jesus fazia, ficou perplexo, pois alguns diziam que João Batista havia ressuscitado dos mortos. Outros acreditavam que Jesus era Elias, ou um dos antigos profetas que tinha voltado à vida.

"Eu decapitei João", dizia Herodes. "Então quem é o homem sobre quem ouço essas histórias?" E procurava ver Jesus.

Quando os apóstolos voltaram, contaram a Jesus tudo que tinham feito. Em seguida, Jesus se retirou para a cidade de Betsaida, a fim de estar a sós com eles. As multidões descobriram seu paradeiro e o seguiram. Ele as recebeu, ensinou-lhes a respeito do reino de Deus e curou os que estavam enfermos.

No fim da tarde, os Doze se aproximaram e lhe disseram: "Mande as multidões aos povoados e campos vizinhos, para que encontrem comida e abrigo para passar a noite, pois estamos num lugar isolado".

Jesus, porém, disse: "Providenciem vocês mesmos alimento para eles".

"Temos apenas cinco pães e dois peixes", responderam. "Ou o senhor espera que compremos comida para todo esse povo?" Havia ali cerca de cinco mil homens.

Jesus respondeu: "Digam a eles que se sentem em grupos de cinquenta". Os discípulos seguiram sua instrução, e todos se sentaram. Jesus tomou os cinco pães e os dois peixes, olhou para o céu e os abençoou. Então, partiu-os em pedaços e os entregou aos discípulos para que distribuíssem ao povo. Todos comeram à vontade, e os discípulos encheram ainda doze cestos com as sobras.

Certo dia, Jesus orava em particular, acompanhado apenas dos discípulos. Ele lhes perguntou: "Quem as multidões dizem que eu sou?".

Os discípulos responderam: "Alguns dizem que o senhor é João Batista; outros, que é Elias; e outros ainda, que é um dos profetas antigos que ressuscitou".

"E vocês?", perguntou ele. "Quem vocês dizem que eu sou?"

Pedro respondeu: "O senhor é o Cristo enviado por Deus!".

Jesus advertiu severamente seus discípulos de que não dissessem a ninguém quem ele era. "É necessário que o Filho do Homem sofra muitas coisas", disse. "Ele será rejeitado pelos líderes do povo, pelos principais sacerdotes e pelos mestres da lei. Será morto, mas no terceiro dia ressuscitará."

Disse ele à multidão: "Se alguém quer ser meu seguidor, negue a si mesmo, tome diariamente sua cruz e siga-me. Se tentar se apegar à sua vida, a perderá. Mas, se abrir mão de sua vida por minha causa, a salvará. Que vantagem há em ganhar o mundo inteiro, mas perder ou destruir a própria vida? Se alguém se envergonhar de mim e de minha mensagem, o Filho do Homem se envergonhará dele quando vier em sua glória e na glória do Pai e dos santos anjos. Eu lhes digo a verdade: alguns que aqui estão não morrerão antes de ver o reino de Deus!".

Cerca de oito dias depois, Jesus levou consigo Pedro, João e Tiago a um monte para orar. Enquanto ele orava, a aparência de seu rosto foi transformada, e suas roupas se tornaram brancas e resplandecentes. De repente, Moisés e Elias apareceram e começaram a falar com Jesus. Tinham um aspecto glorioso e falavam sobre a partida de Jesus, que estava para se cumprir em Jerusalém.

Pedro e os outros lutavam contra o sono, mas acabaram despertando e viram a glória de Jesus e os dois homens que estavam com ele. Quando Moisés e Elias iam se retirando, Pedro, sem saber o que dizia, falou: "Mestre, é maravilhoso estarmos aqui! Vamos fazer três tendas: uma será sua, uma de Moisés e outra de Elias". Enquanto ele ainda falava, uma nuvem surgiu e os envolveu, enchendo-os de medo.

Então uma voz que vinha da nuvem disse: "Este é meu Filho, meu Escolhido. Ouçam-no!". Quando a voz silenciou, só Jesus estava ali. Naquela ocasião, os discípulos não contaram a ninguém o que tinham visto.

No dia seguinte, quando desceram do monte, uma grande multidão veio ao encontro de Jesus. Um homem na multidão gritou: "Mestre, suplico-lhe que veja meu filho, o único que tenho! Um espírito impuro se apodera dele e o faz gritar. Lança-o em convulsões e o faz espumar pela boca. Sacode-o violentamente e quase nunca o deixa em paz. Supliquei a seus discípulos que o expulsassem, mas eles não conseguiram".

Jesus disse: "Geração incrédula e corrompida! Até quando estarei com vocês e terei de suportá-los?". Então disse ao homem: "Traga-me seu filho".

Quando o menino se aproximou, o demônio o derrubou no chão, numa convulsão violenta. Jesus, porém, repreendeu o espírito impuro, curou o menino e o devolveu ao pai. Todos se espantaram com a grandiosidade do poder de Deus.

Enquanto todos se maravilhavam com seus feitos, Jesus disse aos discípulos: "Ouçam-me e lembrem-se do que lhes digo: o Filho do Homem será traído e entregue em mãos humanas". Eles, porém, não entendiam essas coisas. O significado estava escondido deles, de modo que não eram capazes de compreender e tinham medo de perguntar.

Os discípulos começaram a discutir sobre qual deles seria o maior. Jesus, conhecendo seus pensamentos, trouxe para junto de si uma criança pequena e disse: "Quem recebe uma criança como esta em meu nome recebe a mim, e quem me recebe também recebe aquele que me enviou. Portanto, o menor entre vocês será o maior".

João disse a Jesus: "Mestre, vimos alguém usar seu nome para expulsar demônios; nós o proibimos, pois ele não era do nosso grupo".

"Não o proíbam!", disse Jesus. "Quem não é contra vocês é a favor de vocês."

+ + +

Como se aproximava o tempo de ser elevado ao céu, Jesus partiu com determinação para Jerusalém. Enviou mensageiros adiante até um povoado samaritano, a fim de fazerem os preparativos para sua chegada. Contudo, os habitantes do povoado não receberam Jesus, porque parecia evidente que ele estava a caminho de Jerusalém. Percebendo isso, Tiago e João disseram a Jesus: "Senhor, quer que mandemos cair fogo do céu para consumi-los?". Jesus, porém, se voltou para eles e os repreendeu. E seguiram para outro povoado.

Quando andavam pelo caminho, alguém disse a Jesus: "Eu o seguirei aonde quer que vá".

Jesus respondeu: "As raposas têm tocas onde morar e as aves têm ninhos, mas o Filho do Homem não tem sequer um lugar para recostar a cabeça".

E a outra pessoa ele disse: "Siga-me".

O homem, porém, respondeu: "Senhor, deixe-me primeiro sepultar meu pai".

Jesus respondeu: "Deixe que os mortos sepultem seus próprios mortos. Você, porém, deve ir e anunciar o reino de Deus".

Outro, ainda, disse: "Senhor, eu o seguirei, mas deixe que antes me despeça de minha família".

Mas Jesus lhe disse: "Quem põe a mão no arado e olha para trás não está apto para o reino de Deus".

Depois disso, o Senhor escolheu outros setenta e dois discípulos e os enviou adiante, dois a dois, às cidades e aos lugares que ele planejava visitar. Estas foram suas instruções: "A colheita é grande, mas os trabalhadores são poucos. Orem ao Senhor da colheita; peçam que ele envie mais trabalhadores para seus campos. Agora vão e lembrem-se de que eu os envio como cordeiros no meio de lobos. Não levem dinheiro algum, nem bolsa de viagem, nem um par de sandálias extras. E não se detenham para cumprimentar ninguém pelo caminho.

"Quando entrarem numa casa, digam primeiro: 'Que a paz de Deus esteja nesta casa'. Se os que vivem ali forem gente de paz, a bênção permanecerá; se não forem, a bênção voltará a vocês. Permaneçam naquela casa e comam e bebam o que lhes derem, pois quem trabalha merece seu salário. Não fiquem mudando de casa em casa.

"Quando entrarem numa cidade e ela os receber bem, comam o que lhes oferecerem. Curem os enfermos e digam-lhes: 'Agora o reino de Deus chegou até vocês'. Mas, se uma cidade se recusar a recebê-los, saiam pelas ruas e digam: 'Limpamos de nossos pés até o pó desta cidade em sinal de reprovação. E saibam disto: o reino de Deus chegou!'. Eu lhes garanto que, no dia do juízo, até Sodoma será tratada com menos rigor que aquela cidade.

"Que aflição as espera, Corazim e Betsaida! Porque, se nas cidades de Tiro e Sidom tivessem sido realizados os milagres que realizei em vocês, há muito tempo seus habitantes teriam se arrependido e demonstrado isso vestindo panos de saco e jogando cinzas sobre a cabeça. Eu lhes digo que, no dia do juízo, Tiro e Sidom serão tratadas com menos rigor que vocês. E você, Cafarnaum, será elevada até o céu? Não, descerá até o lugar dos mortos".

Então ele disse aos discípulos: "Quem aceita sua mensagem também me aceita, e quem os rejeita também me rejeita. E quem me rejeita também rejeita aquele que me enviou".

Quando os setenta e dois discípulos voltaram, relataram com alegria: "Senhor, até os demônios nos obedecem pela sua autoridade!".

Então ele lhes disse: "Vi Satanás caindo do céu como um relâmpago! Eu lhes dei autoridade para pisarem sobre cobras e escorpiões, e sobre todo o poder do inimigo. Nada lhes causará dano. Mas não se alegrem porque os espíritos impuros lhes obedecem; alegrem-se porque seus nomes estão registrados no céu".

Naquele momento, Jesus foi tomado da alegria do Espírito Santo e disse: "Pai, Senhor dos céus e da terra, eu te agradeço porque escondeste estas coisas dos que se consideram sábios e inteligentes e as revelaste aos que são como crianças. Sim, Pai, foi do teu agrado fazê-lo assim.

"Meu Pai me confiou todas as coisas. Ninguém conhece verdadeiramente o Filho, a não ser o Pai, e ninguém conhece verdadeiramente o Pai, a não ser o Filho e aqueles a quem o Filho escolhe revelá-lo".

Então, em particular, ele se voltou para os discípulos e disse: "Felizes os olhos que veem o que vocês viram. Eu lhes digo: muitos profetas e reis desejaram ver o que vocês têm visto e ouvir o que vocês têm ouvido, mas não puderam".

Certo dia, um especialista da lei se levantou para pôr Jesus à prova com esta pergunta: "Mestre, o que preciso fazer para herdar a vida eterna?".

Jesus respondeu: "O que diz a lei de Moisés? Como você a entende?".

O homem respondeu: "'Ame o Senhor, seu Deus, de todo o seu coração, de toda a sua alma, de toda a sua força e de toda a sua mente' e 'Ame o seu próximo como a si mesmo'".

"Está correto!", disse Jesus. "Faça isso, e você viverá."

O homem, porém, querendo justificar suas ações, perguntou a Jesus: "E quem é o meu próximo?".

Jesus respondeu com uma história: "Certo homem descia de Jerusalém a Jericó, quando foi atacado por bandidos. Eles lhe tiraram as roupas, o espancaram e o deixaram quase morto à beira da estrada.

"Por acaso, descia por ali um sacerdote. Quando viu o homem caído, atravessou para o outro lado da estrada. Um levita fazia o mesmo caminho e viu o homem caído, mas também atravessou e passou longe.

"Então veio um samaritano e, ao ver o homem, teve compaixão dele. Foi até ele, tratou de seus ferimentos com óleo e vinho e os enfaixou. Depois, colocou o homem em seu jumento e o levou a uma hospedaria, onde cuidou dele. No dia seguinte, deu duas moedas de prata ao dono da hospedaria e disse: 'Cuide deste homem. Se você precisar gastar a mais com ele, eu lhe pagarei a diferença quando voltar'.

"Qual desses três você diria que foi o próximo do homem atacado pelos bandidos?", perguntou Jesus.

O especialista da lei respondeu: "Aquele que teve misericórdia dele".

Então Jesus disse: "Vá e faça o mesmo".

Jesus e seus discípulos seguiram viagem e chegaram a um povoado onde uma mulher chamada Marta os recebeu em sua casa. Sua irmã, Maria, sentou-se aos pés de Jesus e ouvia o que ele ensinava. Marta, porém, estava ocupada com seus muitos afazeres. Foi a Jesus e disse: "Senhor, não o incomoda que minha irmã fique aí sentada enquanto eu faço todo o trabalho? Diga-lhe que venha me ajudar!".

Mas o Senhor respondeu: "Marta, Marta, você se preocupa e se inquieta com todos esses detalhes. Apenas uma coisa é necessária. Quanto a Maria, ela fez a escolha certa, e ninguém tomará isso dela".

Certo dia, Jesus estava orando em determinado lugar. Quando terminou, um de seus discípulos lhe disse: "Senhor, ensine-nos a orar, como João ensinou aos discípulos dele".

Jesus disse: "Orem da seguinte forma:

"Pai, santificado seja o teu nome.
  Venha o teu reino.
Dá-nos hoje o pão para este dia,
e perdoa nossos pecados,
  assim como perdoamos aqueles que pecam contra nós.
E não nos deixes cair em tentação".

E ele prosseguiu: "Suponha que você fosse à casa de um amigo à meia-noite para pedir três pães, dizendo: 'Um amigo meu acaba de chegar para me visitar e não tenho nada para lhe oferecer', e ele respondesse lá de dentro: 'Não me perturbe. A porta já está trancada, e minha família e eu já estamos deitados. Não posso ajudá-lo'. Eu lhes digo que, embora ele não o faça por amizade, se você continuar a bater à porta, ele se levantará e lhe dará o que precisa por causa da sua insistência.

"Portanto eu lhes digo: peçam, e receberão. Procurem, e encontrarão. Batam, e a porta lhes será aberta. Pois todos que pedem, recebem. Todos que procuram, encontram. E, para todos que batem, a porta é aberta.

"Vocês que são pais, respondam: Se seu filho lhe pedir um peixe, você lhe dará uma cobra? Ou, se lhe pedir um ovo, você lhe dará um escorpião? Portanto, se vocês que são pecadores sabem como dar bons presentes a seus filhos, quanto mais seu Pai no céu dará o Espírito Santo aos que lhe pedirem!".

Certo dia, Jesus expulsou um demônio que deixava um homem mudo e, quando o demônio saiu, o homem começou a falar. A multidão ficou admirada, mas alguns disseram: "É pelo poder de Belzebu, o príncipe dos demônios, que ele expulsa os demônios". Outros exigiram que Jesus lhes desse um sinal do céu para provar sua autoridade.

Jesus, conhecendo seus pensamentos, disse: "Todo reino dividido internamente está condenado à ruína. Uma família dividida contra si mesma se desintegrará. Vocês dizem que eu expulso demônios pelo poder de Belzebu. Mas, se Satanás está dividido e luta contra si mesmo, como o seu reino sobreviverá? E, se meu poder vem de Belzebu, o que dizer de seus discípulos? Eles também expulsam demônios, de modo que condenarão vocês pelo que acabaram de dizer. Se, contudo, expulso demônios pelo poder de Deus, então o reino de Deus já chegou a vocês. Pois, quando um homem forte está bem armado e guarda seu palácio, seus bens estão seguros, até que alguém ainda mais forte o ataque e o vença, tire dele suas armas e leve embora seus pertences.

"Quem não está comigo opõe-se a mim, e quem não trabalha comigo trabalha contra mim.

"Quando um espírito impuro sai de uma pessoa, anda por lugares secos à procura de descanso. Mas, não o encontrando, diz: 'Voltarei à casa da qual saí'. Ele volta para sua antiga casa e a encontra vazia, varrida e arrumada. Então o espírito busca outros sete espíritos, piores que ele, e todos entram na pessoa e passam a morar nela, e a pessoa fica pior que antes".

Enquanto ele falava, uma mulher na multidão gritou: "Feliz é sua mãe, que o deu à luz e o amamentou!".

Jesus, porém, respondeu: "Ainda mais felizes são os que ouvem a palavra de Deus e a praticam".

Enquanto a multidão se apertava contra Jesus, ele disse: "Esta geração perversa insiste que eu lhe mostre um sinal, mas o único sinal que lhes darei será o de Jonas. O que aconteceu com ele foi um sinal para o povo de Nínive. O que acontecer com o Filho do Homem será um sinal para esta geração.

"A rainha de Sabá se levantará contra esta geração no dia do juízo e a condenará, pois veio de uma terra distante para ouvir a sabedoria de Salomão; e vocês têm à sua frente alguém maior que Salomão! Os habitantes de Nínive também se levantarão contra esta geração no dia do juízo e a condenarão, pois eles se arrependeram de seus pecados quando ouviram a mensagem anunciada por Jonas; e vocês têm à sua frente alguém maior que Jonas!

"Não faz sentido acender uma lâmpada e depois escondê-la ou colocá-la sob um cesto. Pelo contrário, ela é colocada num pedestal, de onde sua luz é vista por todos que entram na casa.

"Seus olhos são como uma lâmpada que ilumina todo o corpo. Quando os olhos são bons, todo o corpo se enche de luz. Mas, quando são maus, o corpo se enche de escuridão. Portanto, tomem cuidado para que sua luz não seja, na verdade, escuridão. Se estiverem cheios de luz, sem nenhum canto escuro, sua vida inteira será radiante, como se uma lamparina os estivesse iluminando".

Quando Jesus terminou de falar, um dos fariseus o convidou para comer em sua casa. Ele foi e tomou lugar à mesa. Seu anfitrião ficou surpreso por ele não realizar primeiro a cerimônia de lavar as mãos, como era costume entre os judeus. Então o Senhor lhe disse: "Vocês, fariseus, têm o cuidado de limpar o exterior do copo e do prato, mas estão sujos por dentro, cheios de ganância e perversidade. Tolos! Acaso Deus não fez tanto o interior como o exterior? Portanto, limpem o interior dando ofertas aos necessitados e ficarão limpos por completo.

"Que aflição os espera, fariseus! Vocês têm o cuidado de dar o dízimo da hortelã, da arruda e de todas as ervas, mas negligenciam a justiça e o amor de Deus. Sim, vocês deviam fazer essas coisas, mas sem descuidar das mais importantes.

"Que aflição os espera, fariseus! Pois gostam de sentar-se nos lugares de honra nas sinagogas e de receber saudações respeitosas enquanto andam pelas praças. Sim, que aflição os espera! Pois são como túmulos escondidos: as pessoas passam por cima deles sem saber onde estão pisando".

Então um especialista da lei disse: "Mestre, o senhor insultou também a nós com o que acabou de dizer".

Jesus respondeu: "Sim, que aflição também os espera, especialistas da lei! Pois oprimem as pessoas com exigências insuportáveis e não movem um dedo sequer para aliviar seus fardos. Que aflição os espera! Pois constroem monumentos para os profetas que seus próprios antepassados assassinaram. Com isso, porém, testemunham que concordam com o que seus antepassados fizeram. Eles mataram os profetas, e vocês cooperam com eles construindo os monumentos! Foi a isto que Deus, em sua sabedoria, se referiu: 'Eu lhes enviarei profetas e apóstolos, mas eles matarão alguns e perseguirão outros'.

"Portanto, esta geração será responsabilizada pelo assassinato de todos os profetas de Deus desde a criação do mundo, desde o assassinato do justo Abel até o de Zacarias, morto entre o altar e o santuário. Sim, certamente esta geração será considerada responsável.

"Que aflição os espera, especialistas da lei! Vocês se apossaram da chave do conhecimento e, além de não entrarem no reino, impedem que outros entrem".

Quando Jesus se retirou dali, os mestres da lei e os fariseus ficaram extremamente irados e tentaram provocá-lo com muitas perguntas. Queriam apanhá-lo numa armadilha, levando-o a dizer algo que pudessem usar contra ele.

Quando as multidões cresceram a ponto de haver milhares de pessoas atropelando-se e pisando umas nas outras, Jesus concentrou seu ensino nos discípulos, dizendo: "Tenham cuidado com o fermento dos fariseus, que é a hipocrisia. Virá o dia em que tudo que está encoberto será revelado, e tudo que é secreto será divulgado. O que vocês disseram no escuro será ouvido às claras, e o que conversaram a portas fechadas será proclamado dos telhados.

"Meus amigos, não tenham medo daqueles que matam o corpo; depois disso, nada mais podem lhes fazer. Mas eu lhes direi a quem devem temer. Temam a Deus, que tem o poder de matar e lançar no inferno. Sim, a esse vocês devem temer.

"Qual é o preço de cinco pardais? Duas moedas de cobre? E, no entanto, Deus não se esquece de nenhum deles. Até os cabelos de sua cabeça estão todos contados. Portanto, não tenham medo; vocês são muito mais valiosos que um bando inteiro de pardais.

"Eu lhes digo a verdade: quem me reconhecer aqui, diante das pessoas, o Filho do Homem o reconhecerá na presença dos anjos de Deus. Mas quem me negar aqui será negado diante dos anjos de Deus. Quem falar contra o Filho do Homem será perdoado, mas quem blasfemar contra o Espírito Santo não será perdoado.

"Quando vocês forem julgados nas sinagogas e diante dos governantes e das autoridades, não se preocupem com o modo como se defenderão nem com o que dirão, pois o Espírito Santo, naquele momento, lhes dará as palavras certas".

Então alguém da multidão gritou: "Mestre, por favor, diga a meu irmão que divida comigo a herança de meu pai!".

Jesus respondeu: "Amigo, quem me pôs como juiz sobre vocês para decidir essas coisas?". Em seguida, disse: "Cuidado! Guardem-se de todo tipo de ganância. A vida de uma pessoa não é definida pela quantidade de seus bens".

Então lhes contou uma parábola: "Um homem rico tinha uma propriedade fértil que produziu boas colheitas. Pensou consigo: 'O que devo fazer? Não tenho espaço para toda a minha colheita'. Por fim, disse: 'Já sei! Vou derrubar os celeiros e construir outros maiores. Assim terei espaço suficiente para todo o meu trigo e meus outros bens. Então direi a mim mesmo: Amigo, você guardou o suficiente para muitos anos. Agora descanse! Coma, beba e alegre-se!'.

"Mas Deus lhe disse: 'Louco! Você morrerá esta noite. E, então, quem ficará com o fruto do seu trabalho?'.

"Sim, é loucura acumular riquezas terrenas e não ser rico para com Deus".

Então, voltando-se para seus discípulos, Jesus disse: "Por isso eu lhes digo que não se preocupem com a vida diária, se terão o suficiente para comer, ou com o corpo, se terão o suficiente para vestir. Pois a vida é mais que comida, e o corpo é mais que roupa. Observem os corvos. Eles não plantam nem colhem, nem guardam comida em celeiros, pois Deus os alimenta. E vocês valem muito mais que qualquer pássaro. Qual de vocês, por mais preocupado que esteja, pode acrescentar ao menos uma hora à sua vida? E, se não podem fazer uma coisa tão pequena, de que adianta se preocupar com as maiores?

"Observem como crescem os lírios. Não trabalham nem fazem suas roupas e, no entanto, nem Salomão em toda a sua glória se vestiu como eles. E, se Deus veste com tamanha beleza as flores que hoje estão aqui e amanhã são lançadas ao fogo, não será muito mais generoso com vocês, gente de pequena fé?

"Não se inquietem com o que comer e o que beber. Não se preocupem com essas coisas. Elas ocupam os pensamentos dos pagãos de todo o mundo, mas seu Pai já sabe do que vocês precisam. Busquem, acima de tudo, o reino de Deus, e todas essas coisas lhes serão dadas.

"Não tenham medo, pequeno rebanho, pois seu Pai tem grande alegria em lhes dar o reino.

"Vendam seus bens e deem aos necessitados. Com isso, ajuntarão tesouros no céu, e as bolsas no céu não se desgastam nem se desfazem. Seu tesouro estará seguro; nenhum ladrão o roubará e nenhuma traça o destruirá. Onde seu tesouro estiver, ali também estará seu coração.

"Estejam vestidos, prontos para servir, e mantenham suas lâmpadas acesas, como se esperassem o seu senhor voltar do banquete de casamento. Então poderão abrir-lhe a porta e deixá-lo entrar no momento em que ele chegar e bater. Os servos que estiverem prontos, aguardando seu retorno, serão recompensados. Eu lhes digo a verdade: ele mesmo se vestirá como servo, indicará onde vocês se sentarão e os servirá enquanto estão à mesa!

Quer ele venha no meio da noite, quer de madrugada, ele recompensará os servos que estiverem prontos.

"Entendam isto: se o dono da casa soubesse exatamente a que horas o ladrão viria, não permitiria que a casa fosse arrombada. Estejam também sempre preparados, pois o Filho do Homem virá quando menos esperam".

Então Pedro perguntou: "Senhor, essa ilustração se aplica apenas a nós, ou a todos?".

O Senhor respondeu: "O servo fiel e sensato é aquele a quem o senhor encarrega de chefiar os demais servos da casa e alimentá-los. Se o senhor voltar e constatar que seu servo fez um bom trabalho, eu lhes digo a verdade: ele colocará todos os seus bens sob os cuidados desse servo. O que acontecerá, porém, se o servo pensar: 'Meu senhor não voltará tão cedo', e começar a espancar os outros servos, a comer e a beber e se embriagar? O senhor desse servo voltará em dia em que não se espera e em hora que não se conhece, cortará o servo ao meio e lhe dará o mesmo destino dos incrédulos.

"O servo que conhece a vontade do seu senhor e não se prepara nem segue as instruções dele será duramente castigado. Mas aquele que não a conhece e faz algo errado será castigado com menos severidade. A quem muito foi dado, muito será pedido; e a quem muito foi confiado, ainda mais será exigido.

"Eu vim para incendiar a terra, e gostaria que já estivesse em chamas! No entanto, tenho de passar por um batismo e estou angustiado até que ele se realize. Vocês pensam que vim trazer paz à terra? Não! Eu vim causar divisão! De agora em diante, numa mesma casa cinco pessoas estarão divididas: três contra duas e duas contra três.

"O pai ficará contra o filho
e o filho contra o pai;
a mãe contra a filha
e a filha contra a mãe;
a sogra contra a nora
e a nora contra a sogra".

Então Jesus se voltou para a multidão e disse: "Quando vocês veem nuvens se formando no oeste, dizem: 'Vai chover'. E têm razão. Quando sopra o vento sul, dizem: 'Hoje vai fazer calor'. E assim ocorre. Hipócritas! Sabem interpretar as condições do tempo na terra e no céu, mas não sabem interpretar o tempo presente.

"Por que não decidem por si mesmos o que é certo? Quando você e seu adversário estiverem a caminho do tribunal, procurem acertar as diferenças antes de chegar lá. Do contrário, pode ser que o acusador o entregue ao juiz, e o juiz, a um oficial que o lançará na prisão. Eu lhe digo: você não será solto enquanto não tiver pago até o último centavo".

Por essa época, Jesus foi informado de que Pilatos havia assassinado algumas pessoas da Galileia enquanto ofereciam sacrifícios. "Vocês pensam que esses galileus eram mais pecadores que todos os outros da Galileia?", perguntou Jesus. "Foi por isso que sofreram? De maneira alguma! Mas, se não se arrependerem, vocês também morrerão. E quanto aos dezoito que morreram quando a torre de Siloé caiu sobre eles? Eram mais pecadores que os demais de Jerusalém? Não! E eu volto a lhes dizer: a menos que se arrependam, todos vocês também morrerão."

Então Jesus contou a seguinte parábola: "Um homem tinha uma figueira em seu vinhedo e foi várias vezes procurar frutos nela, sem sucesso. Por fim, disse ao jardineiro: 'Esperei três anos e não encontrei um figo sequer. Corte a figueira, pois só está ocupando espaço no pomar'.

"O jardineiro respondeu: 'Senhor, deixe-a mais um ano, e eu cuidarei dela e a adubarei. Se der figos no próximo ano, ótimo; se não, mande cortá-la'".

Certo sábado, quando Jesus ensinava numa sinagoga, apareceu uma mulher enferma por causa de um espírito impuro. Andava encurvada havia dezoito anos e não conseguia se endireitar. Ao vê-la, Jesus a chamou para perto e disse: "Mulher, você está curada de sua doença!". Então ele a tocou e, no mesmo instante, ela conseguiu se endireitar e começou a louvar a Deus.

O chefe da sinagoga ficou indignado porque Jesus a tinha curado no sábado. "Há seis dias na semana para trabalhar", disse ele à multidão. "Venham nesses dias para serem curados, e não no sábado."

O Senhor, porém, respondeu: "Hipócritas! Todos vocês trabalham no sábado! Acaso não desamarram no sábado o boi ou o jumento do estábulo e o levam dali para lhe dar água? Esta mulher, uma filha de Abraão, foi mantida presa por Satanás durante dezoito anos. Não deveria ela ser liberta, mesmo que seja no sábado?".

As palavras de Jesus envergonharam seus adversários, mas todo o povo se alegrava com as coisas maravilhosas que ele fazia.

Então Jesus disse: "Com que se parece o reino de Deus? Com o que posso compará-lo? É como a semente de mostarda que alguém plantou na horta. Ela cresce e se torna uma árvore, e os pássaros fazem ninhos em seus galhos".

Disse também: "Com que mais se parece o reino de Deus? É como o fermento que uma mulher usa para fazer pão. Embora ela coloque apenas uma pequena quantidade de fermento em três medidas de farinha, toda a massa fica fermentada".

+

Jesus foi pelas cidades e povoados ensinando ao longo do caminho, em direção a Jerusalém. Alguém lhe perguntou: "Senhor, só alguns poucos serão salvos?".

Ele respondeu: "Esforcem-se para entrar pela porta estreita, pois muitos tentarão entrar, mas não conseguirão. Quando o dono da casa tiver trancado a porta, será tarde demais. Vocês ficarão do lado de fora, batendo e pedindo: 'Senhor, abra a porta para nós!'. Mas ele responderá: 'Não os conheço, nem sei de onde são'. Então vocês dirão: 'Nós comemos e bebemos com o senhor, e o senhor ensinou em nossas ruas'. E ele responderá: 'Não os conheço nem sei de onde são. Afastem-se de mim, todos vocês que praticam o mal!'.

"Haverá choro e ranger de dentes, pois verão Abraão, Isaque, Jacó e todos os profetas no reino de Deus, mas vocês serão lançados fora. E virão pessoas de toda parte, do leste e do oeste, do norte e do sul, para ocupar seus lugares à mesa no reino de Deus. E prestem atenção: alguns últimos serão os primeiros, e alguns primeiros serão os últimos".

Naquele momento, alguns fariseus lhe disseram: "Vá embora daqui, pois Herodes Antipas quer matá-lo!".

Jesus respondeu: "Vão dizer àquela raposa que continuarei a expulsar demônios e a curar hoje e amanhã; e, no terceiro dia, realizarei meu propósito. Sim, hoje, amanhã e depois de amanhã, devo seguir meu caminho. Pois nenhum profeta de Deus deve ser morto fora de Jerusalém!

"Jerusalém, Jerusalém, cidade que mata profetas e apedreja os mensageiros de Deus! Quantas vezes eu quis juntar seus filhos como a galinha protege os pintinhos sob as asas, mas você não deixou. E, agora, sua casa foi abandonada, e você nunca mais me verá, até que diga: 'Bendito é o que vem em nome do Senhor!'".

Certo sábado, Jesus foi comer na casa de um líder fariseu, onde o observavam atentamente. Estava ali um homem com o corpo muito inchado. Jesus perguntou aos fariseus e aos especialistas da lei: "A lei permite ou não curar no sábado?". Eles nada responderam, e Jesus tocou no homem enfermo, o curou e o mandou embora. Depois, perguntou a eles: "Qual de vocês, se seu filho ou seu boi cair num buraco, não se apressará em tirá-lo de lá, mesmo que seja sábado?". Mais uma vez, não puderam responder.

Quando Jesus observou que os convidados para o jantar procuravam ocupar os lugares de honra à mesa, deu-lhes este conselho: "Quando você for convidado para um banquete de casamento, não ocupe o lugar de honra. E se chegar algum convidado mais importante que você? O anfitrião virá e dirá: 'Dê o seu lugar a esta pessoa', e você, envergonhado, terá de sentar-se no último lugar da mesa.

"Em vez disso, ocupe o lugar menos importante à mesa. Assim, quando o anfitrião o vir, dirá: 'Amigo, temos um lugar melhor para você!'. Então você será honrado diante de todos os convidados. Pois os que se exaltam serão humilhados, e os que se humilham serão exaltados".

Então Jesus se voltou para o anfitrião e disse: "Quando oferecer um banquete ou jantar, não convide amigos, irmãos, parentes e vizinhos ricos. Eles poderão retribuir o convite, e essa será sua única recompensa. Em vez disso, convide os pobres, os aleijados, os mancos e os cegos. Assim, na ressurreição dos justos, você será recompensado por ter convidado aqueles que não podiam lhe retribuir".

Ao ouvir isso, um homem que estava à mesa com Jesus exclamou: "Feliz será aquele que participar do banquete no reino de Deus!".

Jesus respondeu com a seguinte parábola: "Certo homem preparou um grande banquete e enviou muitos convites. Quando estava tudo pronto, mandou seu servo dizer aos convidados: 'Venham, o banquete está pronto'. Mas todos eles deram desculpas. Um disse: 'Acabei de comprar um campo e preciso inspecioná-lo. Peço que me desculpe'. Outro disse: 'Acabei de comprar cinco juntas de bois e quero experimentá-las. Sinto muito'. Ainda outro disse: 'Acabei de me casar e não posso ir'.

"O servo voltou e informou a seu senhor o que tinham dito. Ele ficou furioso e ordenou: 'Vá depressa pelas ruas e becos da cidade e convide os pobres, os aleijados, os cegos e os mancos'. Depois de cumprir essa ordem, o servo informou: 'Ainda há lugar para mais gente'. Então o senhor disse: 'Vá pelas estradas do campo e junto às cercas entre as videiras e insista com todos que encontrar para que venham, de modo que minha casa fique cheia. Pois nenhum dos que antes foram convidados provará do meu banquete'".

Uma grande multidão seguia Jesus, que se voltou para ela e disse: "Se alguém que me segue amar pai e mãe, esposa e filhos, irmãos e irmãs, e até mesmo a própria vida, mais que a mim, não pode ser meu discípulo. E, se não tomar sua cruz e me seguir, não pode ser meu discípulo.

"Quem começa a construir uma torre sem antes calcular o custo e ver se possui dinheiro suficiente para terminá-la? Pois, se completar apenas os alicerces e ficar sem dinheiro, todos rirão dele, dizendo: 'Esse aí começou a construir, mas não conseguiu terminar!'.

"Ou que rei iria à guerra sem antes avaliar se seu exército de dez mil poderia derrotar os vinte mil que vêm contra ele? E, se concluir que não, o rei enviará uma delegação para negociar um acordo de paz enquanto o inimigo está longe. Da mesma forma, ninguém pode se tornar meu discípulo sem abrir mão de tudo que possui.

"O sal é bom para temperar, mas, se perder o sabor, como torná-lo salgado outra vez? O sal sem sabor não serve nem para o solo nem para adubo; é jogado fora. Quem é capaz de ouvir, ouça com atenção!".

Cobradores de impostos e outros pecadores vinham ouvir Jesus ensinar. Os fariseus e mestres da lei o criticavam, dizendo: "Ele se reúne com pecadores e até come com eles!".

Então Jesus lhes contou esta parábola: "Se um homem tiver cem ovelhas e uma delas se perder, o que acham que ele fará? Não deixará as outras noventa e nove no pasto e buscará a perdida até encontrá-la? E, quando a encontrar, ele a carregará alegremente nos ombros e a levará para casa. Quando chegar, reunirá os amigos e vizinhos e dirá: 'Alegrem-se comigo, pois encontrei minha ovelha perdida!'. Da mesma forma, há mais alegria no céu por causa do pecador perdido que se arrepende do que por noventa e nove justos que não precisam se arrepender.

"Ou suponhamos que uma mulher tenha dez moedas de prata e perca uma. Acaso não acenderá uma lâmpada, varrerá a casa inteira e procurará com cuidado até encontrá-la? E, quando a encontrar, reunirá as amigas e vizinhas e dirá: 'Alegrem-se comigo, pois encontrei a minha moeda perdida!'. Da mesma forma, há alegria na presença dos anjos de Deus quando um único pecador se arrepende".

Jesus continuou: "Um homem tinha dois filhos. O filho mais jovem disse ao pai: 'Quero a minha parte da herança', e o pai dividiu seus bens entre os filhos.

"Alguns dias depois, o filho mais jovem arrumou suas coisas e se mudou para uma terra distante, onde desperdiçou tudo que tinha por viver de forma desregrada. Quando seu dinheiro acabou, uma grande fome se espalhou pela terra, e ele começou a passar necessidade. Convenceu um fazendeiro da região a empregá-lo, e esse homem o mandou a seus campos para cuidar dos porcos. Embora quisesse saciar a fome com as vagens dadas aos porcos, ninguém lhe dava coisa alguma.

"Quando finalmente caiu em si, disse: 'Até os empregados de meu pai têm comida de sobra, e eu estou aqui, morrendo de fome. Vou retornar à casa de meu pai e dizer: Pai, pequei contra o céu e contra o senhor, e não sou mais digno de ser chamado seu filho. Por favor, trate-me como seu empregado'.

"Então voltou para a casa de seu pai. Quando ele ainda estava longe, seu pai o viu. Cheio de compaixão, correu para o filho, o abraçou e o beijou. O filho disse: 'Pai, pequei contra o céu e contra o senhor, e não sou mais digno de ser chamado seu filho'.

"O pai, no entanto, disse aos servos: 'Depressa! Tragam a melhor roupa da casa e vistam nele. Coloquem-lhe um anel no dedo e sandálias nos pés. Matem o novilho gordo. Faremos um banquete e celebraremos, pois este meu filho estava morto e voltou à vida. Estava perdido e foi achado!'. E começaram a festejar.

"Enquanto isso, o filho mais velho trabalhava no campo. Na volta para casa, ouviu música e dança, e perguntou a um dos servos o que estava acontecendo. O servo respondeu: 'Seu irmão voltou, e seu pai matou o novilho gordo, pois ele voltou são e salvo!'.

"O irmão mais velho se irou e não quis entrar. O pai saiu e insistiu com o filho, mas ele respondeu: 'Todos esses anos, tenho trabalhado como um escravo para o senhor e nunca me recusei a obedecer às suas ordens. E o senhor nunca me deu nem mesmo um cabrito para eu festejar com meus amigos. Mas, quando esse seu filho volta, depois de desperdiçar o seu dinheiro com prostitutas, o senhor comemora matando o novilho!'.

"O pai lhe respondeu: 'Meu filho, você está sempre comigo, e tudo que eu tenho é seu. Mas tínhamos de comemorar este dia feliz, pois seu irmão estava morto e voltou à vida. Estava perdido e foi achado!'".

Jesus contou a seguinte história a seus discípulos: "Um homem rico tinha um administrador que cuidava de seus negócios. Certo dia, foram-lhe contar que esse administrador estava desperdiçando seu dinheiro. Então mandou chamá-lo e disse: 'O que é isso que ouço a seu respeito? Preste contas de sua administração, pois não pode mais permanecer nesse cargo'.

"O administrador pensou consigo: 'E agora? Meu patrão vai me demitir. Não tenho força para trabalhar no campo, e sou orgulhoso demais para mendigar. Já sei como garantir que as pessoas me recebam em suas casas quando eu for despedido!'.

"Então ele convocou todos que deviam dinheiro a seu patrão. Perguntou ao primeiro: 'Quanto você deve a meu patrão?'. O homem respondeu: 'Devo cem tonéis de azeite'. Então o administrador lhe disse: 'Pegue depressa sua conta e mude-a para cinquenta tonéis'.

"'E quanto você deve a meu patrão?', perguntou ao segundo. "Devo cem cestos grandes de trigo', respondeu ele. E o administrador disse: 'Tome sua conta e mude-a para oitenta cestos'.

"O patrão elogiou o administrador desonesto por sua astúcia. E é verdade que os filhos deste mundo são mais astutos ao lidar com o mundo ao redor que os filhos da luz. Esta é a lição: usem a riqueza deste mundo para fazer amigos. Assim, quando suas posses se extinguirem, eles os receberão num lar eterno.

"Se forem fiéis nas pequenas coisas, também o serão nas grandes. Mas, se forem desonestos nas pequenas coisas, também o serão nas maiores. E, se vocês não são confiáveis ao lidar com a riqueza injusta deste mundo, quem lhes confiará a verdadeira riqueza? E, se não são fiéis com os bens dos outros, por que alguém lhes confiaria o que é de vocês?

"Ninguém pode servir a dois senhores, pois odiará um e amará o outro; será dedicado a um e desprezará o outro. Vocês não podem servir a Deus e ao dinheiro".

Os fariseus, que tinham grande amor ao dinheiro, ouviam isso tudo e zombavam de Jesus. Então ele disse: "Vocês gostam de parecer justos em público, mas Deus conhece o seu coração. Aquilo que este mundo valoriza é detestável aos olhos de Deus.

"Até a chegada de João, a lei de Moisés e a mensagem dos profetas eram seus guias. Agora, porém, as boas-novas do reino de Deus estão sendo anunciadas, e todos estão ansiosos para entrar. É mais fácil o céu e a terra desaparecerem que ser anulado até o menor traço da lei de Deus.

"Assim, o homem que se divorcia de sua esposa e se casa com outra mulher comete adultério. E o homem que se casa com uma mulher divorciada também comete adultério".

Jesus disse: "Havia um homem rico que se vestia de púrpura e linho fino e vivia sempre cercado de luxos. À sua porta ficava um mendigo coberto de feridas chamado Lázaro. Ele ansiava comer o que caía da mesa do homem rico, e os cachorros vinham lamber suas feridas abertas.

"Por fim, o mendigo morreu, e os anjos o levaram para junto de Abraão. O rico também morreu e foi sepultado, e foi para o lugar dos mortos. Ali, em tormento, ele viu Abraão de longe, com Lázaro ao seu lado.

"O rico gritou: 'Pai Abraão, tenha compaixão de mim! Mande Lázaro aqui para que molhe a ponta do dedo em água e refresque minha língua. Estou em agonia nestas chamas!'.

"Abraão, porém, respondeu: 'Filho, lembre-se de que durante a vida você teve tudo que queria e Lázaro não teve coisa alguma. Agora, ele está aqui sendo consolado, e você está em agonia. Além do mais, há entre nós um grande abismo. Ninguém daqui pode atravessar para o seu lado, e ninguém daí pode atravessar para o nosso'.

"Então o rico disse: 'Por favor, Pai Abraão, pelo menos mande Lázaro à casa de meu pai, pois tenho cinco irmãos e quero avisá-los para que não terminem neste lugar de tormento'.

"'Moisés e os profetas já os avisaram', respondeu Abraão. 'Seus irmãos podem ouvir o que eles disseram.'

"Então o rico disse: 'Não, Pai Abraão! Mas, se alguém dentre os mortos lhes fosse enviado, eles se arrependeriam!'.

"Abraão, porém, disse: 'Se eles não ouvem Moisés e os profetas, não se convencerão, mesmo que alguém ressuscite dos mortos'".

Jesus disse a seus discípulos: "Sempre haverá o que leve as pessoas a cair em pecado, mas que aflição espera quem causa a tentação! Seria melhor ser lançado no mar com uma pedra de moinho amarrada ao pescoço que fazer um destes pequeninos pecar. Portanto, tenham cuidado!

"Se um irmão pecar, repreenda-o e, se ele se arrepender, perdoe-o. Mesmo que ele peque contra você sete vezes por dia e, a cada vez, se arrependa e peça perdão, perdoe-o".

Os apóstolos disseram ao Senhor: "Faça nossa fé crescer!".

O Senhor respondeu: "Se tivessem fé, ainda que tão pequena quanto um grão de mostarda, poderiam dizer a esta amoreira: 'Arranque-se e plante-se no mar', e ela lhes obedeceria.

"Quando um servo chega do campo depois de arar ou cuidar das ovelhas, o senhor lhe diz: 'Venha logo para a mesa comer conosco'? Não, ele diz: 'Prepare minha refeição, apronte-se e sirva-me enquanto como e bebo. Você pode comer depois'. E acaso o senhor agradece ao servo por fazer o que lhe foi ordenado? Da mesma forma, quando vocês obedecem, devem dizer: 'Somos servos inúteis; apenas cumprimos nosso dever'".

+

Dirigindo-se a Jerusalém, Jesus chegou à fronteira entre a Galileia e Samaria. Ao entrar num povoado dali, dez leprosos, mantendo certa distância, clamaram: "Jesus, Mestre, tenha misericórdia de nós!".

Ele olhou para eles e disse: "Vão e apresentem-se aos sacerdotes". E, enquanto eles iam, foram curados da lepra.

Um deles, ao ver-se curado, voltou a Jesus, louvando a Deus em alta voz. Lançou-se a seus pés, agradecendo-lhe pelo que havia feito. Esse homem era samaritano.

Jesus perguntou: "Não curei dez homens? Onde estão os outros nove? Ninguém voltou para dar glórias a Deus, exceto este estrangeiro?". E disse ao homem: "Levante-se e vá. Sua fé o curou".

Certo dia, os fariseus perguntaram a Jesus: "Quando virá o reino de Deus?".

Jesus respondeu: "O reino de Deus não é detectado por sinais visíveis. Não se poderá dizer: 'Está aqui!' ou 'Está ali!', pois o reino de Deus já está entre vocês".

Então ele disse a seus discípulos: "Aproximam-se os dias em que desejarão ver o tempo do Filho do Homem, mas não o verão. Dirão a vocês: 'Vejam, lá está!' ou 'Aqui está ele!', mas não os sigam. Porque, assim como o relâmpago lampeja e ilumina o céu de uma extremidade a outra, assim será no dia em que vier o Filho do Homem. Mas primeiro é necessário que ele sofra terrivelmente e seja rejeitado por esta geração.

"Quando o Filho do Homem voltar, será como no tempo de Noé. Naqueles dias, o povo seguia sua rotina de banquetes, festas e casamentos, até o dia em que Noé entrou na arca e veio o dilúvio, que destruiu a todos.

"E o mundo será como no tempo de Ló. O povo se ocupava de seus afazeres diários, comendo e bebendo, comprando e vendendo, cultivando e construindo, até o dia em que Ló deixou Sodoma. Então fogo e enxofre ardente caíram do céu e destruíram a todos. Sim, tudo será como sempre foi até o dia em que o Filho do Homem for revelado. Nesse dia, quem estiver na parte de cima da casa, não desça para pegar suas coisas. Quem estiver no campo, não volte para casa. Lembrem-se do que aconteceu à esposa de Ló! Quem se apegar à própria vida a perderá; quem abrir mão de sua vida a salvará. Naquela noite, duas pessoas estarão dormindo na mesma cama; uma será levada, e a outra, deixada. Duas mulheres estarão moendo cereal no moinho; uma será levada, e a outra, deixada. Dois homens estarão trabalhando juntos num campo; um será levado, e o outro, deixado".

"Senhor, onde isso acontecerá?", perguntaram os discípulos.

Jesus respondeu: "Onde estiver o cadáver, ali se ajuntarão os abutres".

Jesus contou a seus discípulos uma parábola para mostrar-lhes que deviam orar sempre e nunca desanimar. Disse ele: "Havia numa cidade um juiz que não temia a Deus nem se importava com as pessoas. Uma viúva daquela cidade vinha a ele com frequência e dizia: 'Faça-me justiça contra meu adversário'. Por algum tempo, o juiz não lhe deu atenção, mas, por fim, disse a si mesmo: 'Não temo a Deus e não me importo com as pessoas, mas essa viúva está me irritando. Vou lhe fazer justiça, pois assim deixará de me importunar'".

Então o Senhor disse: "Aprendam uma lição com o juiz injusto. Acaso Deus não fará justiça a seus escolhidos que clamam a ele dia e noite? Continuará a adiar sua resposta? Eu afirmo que ele lhes fará justiça, e rápido! Mas, quando o Filho do Homem voltar, quantas pessoas com fé ele encontrará na terra?".

Em seguida, Jesus contou a seguinte parábola àqueles que confiavam em sua própria justiça e desprezavam os demais: "Dois homens foram ao templo orar. Um deles era fariseu, e o outro, cobrador de impostos. O fariseu, em pé, fazia esta oração: 'Eu te agradeço, Deus, porque não sou como as demais pessoas: desonestas, pecadoras, adúlteras. E, com certeza, não sou como aquele cobrador de impostos. Jejuo duas vezes por semana e dou o dízimo de tudo que ganho'.

"Mas o cobrador de impostos ficou a distância e não tinha coragem nem de levantar os olhos para o céu enquanto orava. Em vez disso, batia no peito e dizia: 'Deus, tem misericórdia de mim, pois sou pecador'. Eu lhes digo que foi o cobrador de impostos, e não o fariseu, quem voltou para casa justificado diante de Deus. Pois aqueles que se exaltam serão humilhados, e aqueles que se humilham serão exaltados".

Certo dia, trouxeram crianças para que Jesus pusesse as mãos sobre elas. Ao ver isso, os discípulos repreenderam aqueles que as traziam.

Jesus, porém, chamou as crianças para junto de si e disse aos discípulos: "Deixem que as crianças venham a mim. Não as impeçam, pois o reino de Deus pertence aos que são como elas. Eu lhes digo a verdade: quem não receber o reino de Deus como uma criança de modo algum entrará nele".

Certa vez, um homem de alta posição perguntou a Jesus: "Bom mestre, que devo fazer para herdar a vida eterna?".

"Por que você me chama de bom?", perguntou Jesus. "Apenas Deus é verdadeiramente bom. Você conhece os mandamentos: 'Não cometa adultério. Não mate. Não roube. Não dê falso testemunho. Honre seu pai e sua mãe'."

O homem respondeu: "Tenho obedecido a todos esses mandamentos desde a juventude".

Quando Jesus ouviu sua resposta, disse: "Ainda há uma coisa que você não fez. Venda todos os seus bens e dê o dinheiro aos pobres. Então você terá um tesouro no céu. Depois, venha e siga-me".

Ao ouvir essas palavras, o homem se entristeceu, pois era muito rico.

Ao ver a tristeza daquele homem, Jesus disse: "Como é difícil os ricos entrarem no reino de Deus! Na verdade, é mais fácil um camelo passar pelo buraco de uma agulha que um rico entrar no reino de Deus".

Aqueles que o ouviram disseram: "Então quem pode ser salvo?".

Jesus respondeu: "O que é impossível para as pessoas é possível para Deus".

Pedro disse: "Deixamos nossos lares para segui-lo".

Jesus respondeu: "Eu lhes garanto que todos que deixaram casa, esposa, irmãos, pais ou filhos por causa do reino de Deus receberão neste mundo uma recompensa muitas vezes maior e, no mundo futuro, terão a vida eterna".

Jesus chamou os Doze à parte e disse: "Estamos subindo para Jerusalém, onde tudo que foi escrito pelos profetas a respeito do Filho do Homem se cumprirá. Ele será entregue aos gentios, e zombarão dele, o insultarão e cuspirão nele. Eles o açoitarão e o matarão, mas no terceiro dia ele ressuscitará".

Os discípulos, porém, não entenderam. O significado dessas palavras lhes estava oculto, e não sabiam do que ele falava.

Quando Jesus se aproximava de Jericó, havia um mendigo cego sentado à beira do caminho. Ao ouvir o barulho da multidão que passava, perguntou o que estava acontecendo. Disseram-lhe que Jesus de Nazaré estava passando por ali. Então começou a gritar: "Jesus, Filho de Davi, tenha misericórdia de mim!".

Os que estavam mais à frente o repreendiam e ordenavam que se calasse. Mas ele gritava ainda mais alto: "Filho de Davi, tenha misericórdia de mim!".

Então Jesus parou e ordenou que lhe trouxessem o homem. Quando ele se aproximou, Jesus lhe perguntou: "O que você quer que eu lhe faça?".

"Senhor, eu quero ver!", respondeu o homem.

E Jesus disse: "Receba a visão! Sua fé o curou". No mesmo instante, o homem passou a enxergar, e seguia Jesus, louvando a Deus. E todos que presenciaram isso também louvavam a Deus.

Jesus entrou em Jericó e atravessava a cidade. Havia ali um homem rico chamado Zaqueu, chefe dos cobradores de impostos. Tentava ver Jesus, mas era baixo demais e não conseguia olhar por cima da multidão. Por isso, correu adiante e subiu numa figueira-brava, no caminho por onde Jesus passaria.

Quando Jesus chegou ali, olhou para cima e disse: "Zaqueu, desça depressa! Hoje devo hospedar-me em sua casa".

Sem demora, Zaqueu desceu e, com alegria, recebeu Jesus em sua casa. Ao ver isso, o povo começou a se queixar: "Ele foi se hospedar na casa de um pecador!".

Enquanto isso, Zaqueu se levantou e disse: "Senhor, darei metade das minhas riquezas aos pobres. E, se explorei alguém na cobrança de impostos, devolverei quatro vezes mais!".

Jesus respondeu: "Hoje chegou a salvação a esta casa, pois este homem também é filho de Abraão. Porque o Filho do Homem veio buscar e salvar os perdidos".

A multidão estava atenta ao que Jesus dizia. Então, como ele se aproximava de Jerusalém, contou-lhes uma parábola, pois o povo achava que o reino de Deus começaria de imediato. Disse ele: "Um nobre foi chamado a um país distante para ser coroado rei e depois voltar. Antes de partir, reuniu dez de seus servos e deu a cada um deles dez moedas de prata, dizendo: 'Invistam esse dinheiro enquanto eu estiver fora'. Seu povo, porém, o odiava, e enviou uma delegação atrás dele para dizer: 'Não queremos que ele seja nosso rei'.

"Depois de ser coroado, ele voltou e chamou os servos aos quais tinha confiado o dinheiro, pois queria saber quanto haviam lucrado. O primeiro servo informou: 'Senhor, investi seu dinheiro, e ele rendeu dez vezes a quantia recebida.

"'Muito bem!', disse o rei. 'Você é um bom servo. Foi fiel no pouco que lhe confiei e, como recompensa, governará dez cidades.'

"O servo seguinte informou: 'Senhor, investi seu dinheiro, e ele rendeu cinco vezes a quantia recebida'.

"'Muito bem!', disse o rei. 'Você governará cinco cidades.'

"O terceiro servo, porém, trouxe de volta apenas a quantia recebida e disse: 'Senhor, escondi seu dinheiro para mantê-lo seguro. Tive medo, pois o senhor é um homem severo. Toma o que não lhe pertence e colhe o que não plantou'.

"'Servo mau!', exclamou o senhor. 'Suas próprias palavras o condenam. Se você sabia que sou homem severo, que tomo o que não me pertence e colho o que não plantei, por que não depositou meu dinheiro? Pelo menos eu teria recebido os juros.'

"Então, voltando-se para os outros que estavam ali perto, o rei ordenou: 'Tomem o dinheiro deste servo e deem ao que tem dez moedas'.

"'Mas senhor!', disseram eles. 'Ele já tem dez!'

"Então o rei respondeu: 'Sim, ao que tem, mais lhe será dado; mas do que nada tem, até o que tem lhe será tomado. E, quanto a esses meus inimigos que não queriam que eu fosse seu rei, tragam-nos aqui e executem-nos na minha presença'".

+ + +

Depois de contar essa história, Jesus prosseguiu rumo a Jerusalém. Quando chegou a Betfagé e Betânia, próximo ao monte das Oliveiras, enviou dois de seus discípulos. "Vão àquele povoado adiante", disse ele. "Assim que entrarem, verão amarrado ali um jumentinho no qual ninguém jamais montou. Desamarrem-no e tragam-no para cá. Se alguém perguntar: 'Por que estão soltando o jumentinho?', respondam apenas: 'O Senhor precisa dele'."

Eles foram e encontraram o jumentinho, exatamente como Jesus tinha dito. E, enquanto o desamarravam, seus donos perguntaram: “Por que estão soltando o jumentinho?”.

Os discípulos responderam: “O Senhor precisa dele”. Então trouxeram o jumentinho e lançaram seus mantos sobre o animal, para que Jesus montasse nele.

À medida que Jesus ia passando, as multidões espalhavam seus mantos ao longo do caminho diante dele. Quando ele chegou próximo à descida do monte das Oliveiras, seus seguidores começaram a gritar e a cantar enquanto o acompanhavam, louvando a Deus por todos os milagres maravilhosos que tinham visto.

“Bendito é o Rei que vem em nome do Senhor!
Paz no céu e glória nas maiores alturas!”.

Alguns dos fariseus que estavam entre a multidão disseram: “Mestre, repreenda seus seguidores por dizerem estas coisas!”.

Ele, porém, respondeu: “Se eles se calarem, as próprias pedras clamarão!”.

Quando Jesus se aproximou de Jerusalém e viu a cidade, começou a chorar. “Como eu gostaria que hoje você compreendesse o caminho para a paz!”, disse ele. “Agora, porém, isso está oculto a seus olhos. Chegará o tempo em que seus inimigos construirão rampas para atacar seus muros e a rodearão e apertarão o cerco por todos os lados. Esmagarão você e seus filhos e não deixarão pedra sobre pedra, pois você não reconheceu que Deus a visitou.”

Então Jesus entrou no templo e começou a expulsar os que ali vendiam, dizendo: “As Escrituras declaram: ‘Meu templo será casa de oração’, mas vocês o transformaram num esconderijo de ladrões!”.

Jesus ensinava todos os dias no templo, mas os principais sacerdotes, os mestres da lei e outros líderes do povo planejavam matá-lo. Contudo, não conseguiam pensar num modo de fazê-lo, pois o povo ouvia atentamente tudo que ele dizia.

Certo dia, quando Jesus ensinava o povo e anunciava as boas-novas no templo, os principais sacerdotes, os mestres da lei e os líderes do povo se aproximaram dele e perguntaram: “Com que autoridade você faz essas coisas? Quem lhe deu esse direito?”.

“Primeiro, deixe-me fazer uma pergunta”, respondeu ele. “A autoridade de João para batizar vinha do céu ou era apenas humana?”

Eles discutiram a questão entre si: “Se dissermos que vinha do céu, ele perguntará por que não cremos em João. Mas, se dissermos que era apenas humana, seremos apedrejados pela multidão, pois todos estão convencidos de que João era profeta". Por fim, responderam a Jesus que não sabiam.

E Jesus replicou: "Então eu também não direi com que autoridade faço essas coisas".

Em seguida, Jesus se voltou para o povo e contou a seguinte parábola: "Um homem plantou um vinhedo e o arrendou a alguns lavradores. Depois, partiu para um lugar distante, onde passou um longo tempo. Na época da colheita da uva, enviou um de seus servos para receber sua parte da produção. Os lavradores atacaram o servo, o espancaram e o mandaram de volta, de mãos vazias. Então o dono da propriedade enviou outro servo, mas eles também o insultaram, o espancaram e o mandaram de volta, de mãos vazias. Enviou ainda um terceiro, e eles o feriram e o expulsaram do vinhedo.

"'Que farei?', disse o dono do vinhedo. 'Já sei; enviarei meu filho amado. Certamente eles o respeitarão.'

"No entanto, quando os lavradores viram o filho, disseram uns aos outros: 'Aí vem o herdeiro da propriedade. Vamos matá-lo e tomar posse desta terra!'. Então o arrastaram para fora do vinhedo e o mataram.

"O que vocês acham que o dono do vinhedo fará com eles?", perguntou Jesus. "Ele virá, matará os lavradores, e arrendará o vinhedo a outros."

"Que isso jamais aconteça!", disseram os que o ouviam.

Jesus olhou para eles e perguntou: "Então o que significa esta passagem das Escrituras:

> 'A pedra que os construtores rejeitaram
> se tornou a pedra angular'?

Quem tropeçar nessa pedra será despedaçado, e aquele sobre quem ela cair será reduzido a pó".

Os mestres da lei e os principais sacerdotes queriam prender Jesus ali mesmo, pois perceberam que eles eram os lavradores maus a que Jesus se referia. No entanto, tinham medo da reação do povo.

Esperando uma oportunidade, os líderes enviaram espiões que fingiam ser pessoas sinceras. Tentaram fazer Jesus dizer algo que pudesse ser relatado ao governador romano, de modo que ele fosse preso. Disseram: "Mestre, sabemos que o senhor fala e ensina o que é certo, não se deixa influenciar por outros e ensina o caminho de Deus de acordo com a verdade. Então, diga-nos: É certo pagar impostos a César ou não?".

Jesus percebeu a hipocrisia deles e disse: "Mostrem-me uma moeda de prata. De quem são a imagem e o título nela gravados?".

“De César”, responderam.

“Então deem a César o que pertence a César, e deem a Deus o que pertence a Deus”, disse ele.

Eles não conseguiam apanhá-lo em nada que ele dizia diante do povo. Em vez disso, admiraram-se de sua resposta e se calaram.

Então vieram a Jesus alguns saduceus, líderes religiosos que afirmam não haver ressurreição dos mortos, e perguntaram: “Mestre, Moisés nos deu uma lei segundo a qual se um homem morrer e deixar a esposa sem filhos, o irmão dele deve se casar com a viúva e ter um filho que dará continuidade ao nome do irmão. Numa família havia sete irmãos. O mais velho se casou e morreu sem deixar filhos. O segundo irmão se casou com a viúva, mas também morreu. Então o terceiro irmão se casou com ela. O mesmo aconteceu aos sete irmãos, que morreram sem deixar filhos. Por fim, a mulher também morreu. Diga-nos, de quem ela será esposa na ressurreição? Afinal, os sete se casaram com ela”.

Jesus respondeu: “O casamento é para pessoas deste mundo. Mas, na era futura, aqueles que forem considerados dignos de ser ressuscitados dos mortos não se casarão nem se darão em casamento, e nunca mais morrerão. Nesse sentido, serão como os anjos. São filhos de Deus e filhos da ressurreição.

“Agora, quanto a haver ressurreição dos mortos, o próprio Moisés provou isso quando escreveu a respeito do arbusto em chamas. Ele se referiu ao Senhor como ‘o Deus de Abraão, o Deus de Isaque e o Deus de Jacó’. Portanto, ele é o Deus dos vivos, e não dos mortos, pois para ele todos vivem”.

“Mestre, o senhor disse bem!”, comentaram alguns mestres da lei. E ninguém mais teve coragem de lhe fazer perguntas.

Então Jesus lhes perguntou: “Por que se diz que o Cristo é filho de Davi? Afinal, o próprio Davi escreveu no Livro de Salmos:

‘O Senhor disse ao meu Senhor,
  Sente-se no lugar de honra à minha direita
até que eu humilhe seus inimigos,
  e os ponha debaixo de seus pés’.

Uma vez que Davi chamou o Cristo de ‘meu Senhor’, como ele pode ser filho de Davi?”.

Então, enquanto as multidões o ouviam, Jesus se voltou para seus discípulos e disse: “Cuidado com os mestres da lei! Eles gostam de se exibir com vestes longas e de receber saudações respeitosas quando andam pelas praças. E como gostam de sentar-se nos lugares de honra nas sinagogas e à cabeceira da mesa nos banquetes! No entanto, tomam posse dos bens das viúvas de maneira desonesta e, depois, para dar a impressão de piedade, fazem longas orações em público. Por causa disso, serão duramente castigados".

Estando Jesus no templo, observava os ricos depositarem suas contribuições na caixa de ofertas. Então uma viúva pobre veio e colocou duas moedas pequenas.

Jesus disse: "Eu lhes digo a verdade: esta viúva pobre deu mais que todos os outros. Eles deram uma parte do que lhes sobrava, mas ela, em sua pobreza, deu tudo que tinha".

Alguns de seus discípulos começaram a falar das pedras magníficas e das dádivas que adornavam o templo. Jesus, porém, disse: "Virá o dia em que estas coisas serão completamente demolidas. Não restará pedra sobre pedra!".

Então eles perguntaram: "Mestre, quando isso tudo acontecerá? Que sinal indicará que essas coisas estão prestes a se cumprir?".

Ele respondeu: "Não deixem que ninguém os engane, pois muitos virão em meu nome, dizendo: 'Eu sou o Cristo' e afirmando: 'Chegou a hora!', mas não acreditem neles. E, quando ouvirem falar de guerras e rebeliões, não entrem em pânico. Sim, é necessário que essas coisas aconteçam primeiro, mas ainda não será o fim". E continuou: "Uma nação guerreará contra a outra, e um reino contra o outro. Haverá grandes terremotos, fome e peste em vários lugares, e acontecimentos terríveis e grandes sinais no céu.

"Antes de tudo isso, porém, haverá um tempo de perseguição. Vocês serão arrastados para sinagogas e prisões e, por minha causa, serão julgados diante de reis e governadores. Essa, contudo, será sua oportunidade de lhes falar sobre mim. Mais uma vez lhes digo que não se preocupem com o modo como responderão às acusações contra vocês, pois eu lhes darei as palavras certas e tanta sabedoria que seus adversários não serão capazes de responder nem contradizer. Até mesmo seus pais, irmãos, parentes e amigos os trairão, e até matarão alguns de vocês. Todos os odiarão por minha causa. Mas nem um fio de cabelo de sua cabeça se perderá! É pela perseverança que obterão a vida.

"E, quando virem Jerusalém cercada de exércitos, saberão que chegou a hora de sua destruição. Então, quem estiver na Judeia, fuja para os montes. Quem estiver na cidade, saia. E quem estiver no campo, não volte para a cidade. Pois aqueles serão os dias da vingança, e as palavras proféticas das Escrituras se cumprirão. Que dias terríveis serão aqueles para as grávidas e para as mães que estiverem amamentando! Pois haverá calamidade na terra e grande ira contra este povo. Serão mortos pela espada ou levados como prisioneiros para todas as nações do mundo. E Jerusalém será pisoteada pelos gentios até que o tempo deles chegue ao fim.

"Haverá sinais no sol, na lua e nas estrelas. E, na terra, as nações ficarão angustiadas, perplexas com o rugir dos mares e a agitação das ondas. As pessoas ficarão aterrorizadas diante do que estará prestes a acontecer na terra, pois os poderes dos céus serão abalados. Então todos verão o Filho do Homem vindo numa nuvem com poder e grande glória. Portanto, quando todas essas coisas começarem a acontecer, levantem-se e ergam a cabeça, pois a sua salvação estará próxima".

Em seguida, deu-lhes esta ilustração: "Observem a figueira, e todas as outras árvores. Quando as folhas aparecem, vocês sabem reconhecer, por conta própria, que o verão está próximo. Da mesma forma, quando virem todas essas coisas acontecerem, saberão que o reino de Deus está próximo. Eu lhes digo a verdade: esta geração não passará até que todas essas coisas tenham acontecido. O céu e a terra desaparecerão, mas as minhas palavras jamais desaparecerão.

"Tenham cuidado! Não deixem seu coração se entorpecer com farras e bebedeiras, nem com as preocupações desta vida. Não deixem que esse dia os pegue desprevenidos, como uma armadilha. Pois esse dia virá sobre todos que vivem na terra. Estejam sempre atentos e orem para serem considerados dignos de escapar dos horrores que sucederão e de estar em pé na presença do Filho do Homem".

Todos os dias, Jesus ia ao templo ensinar e, à tarde, voltava para passar a noite no monte das Oliveiras. Pela manhã, o povo se reunia bem cedo no templo para ouvi-lo falar.

+

A Festa dos Pães sem Fermento, também chamada de Páscoa, se aproximava. Os principais sacerdotes e mestres da lei tramavam uma forma de matar Jesus, mas tinham medo da reação do povo.

Então Satanás entrou em Judas Iscariotes, um dos Doze, e ele foi aos principais sacerdotes e aos capitães da guarda do templo para combinar a melhor maneira de lhes entregar Jesus. Eles ficaram muito satisfeitos e lhe prometeram dinheiro. Judas concordou e começou a procurar uma oportunidade de trair Jesus, para que o prendessem quando as multidões não estivessem por perto.

Chegou o dia da Festa dos Pães sem Fermento, quando o cordeiro pascal era sacrificado. Jesus mandou Pedro e João na frente e disse: "Vão e preparem a refeição da Páscoa, para que a comamos juntos".

"Onde o senhor quer que a preparemos?", perguntaram.

Ele respondeu: "Logo que vocês entrarem em Jerusalém, um homem carregando uma vasilha de água virá ao seu encontro. Sigam-no. Na casa onde ele entrar, digam ao dono: 'O Mestre pergunta: Onde fica o aposento no qual comerei a refeição da Páscoa com meus discípulos?'. Ele os levará a uma sala grande no andar superior, que já estará arrumada. Preparem ali a refeição". Eles foram e encontraram tudo como Jesus tinha dito, e ali prepararam a refeição da Páscoa.

Quando chegou a hora, Jesus e seus apóstolos tomaram lugar à mesa. Jesus disse: "Estava ansioso para comer a refeição da Páscoa com vocês antes do meu sofrimento. Pois eu lhes digo agora que não voltarei a comê-la até que ela se cumpra no reino de Deus".

Então tomou um cálice de vinho e agradeceu a Deus. Depois, disse: "Tomem isto e partilhem entre vocês. Pois não beberei vinho outra vez até que venha o reino de Deus".

Tomou o pão e agradeceu a Deus. Depois, partiu-o e o deu aos discípulos, dizendo: "Este é o meu corpo, entregue por vocês. Façam isto em memória de mim".

Depois da ceia, Jesus tomou o cálice de vinho e disse: "Este é o cálice da nova aliança, confirmada com o meu sangue, que é derramado como sacrifício por vocês.

"Mas aqui, partilhando da mesa conosco, está o homem que vai me trair. Pois foi determinado que o Filho do Homem deve morrer. Mas que aflição espera aquele que o trair!" Os discípulos perguntavam uns aos outros qual deles faria uma coisa dessas.

Depois, começaram a discutir entre si qual deles era o mais importante. Jesus lhes disse: "Neste mundo, os reis e os grandes homens exercem poder sobre o povo e, no entanto, são chamados de seus benfeitores. Entre vocês, porém, será diferente. Que o maior entre vocês ocupe a posição inferior, e o líder seja o servo. Quem é mais importante, o que está à mesa ou o que serve? Não é aquele que está à mesa? Mas não aqui! Pois eu estou entre vocês como quem serve.

"Vocês permaneceram comigo durante meu tempo de provação. E, assim como meu Pai me concedeu um reino, eu agora lhes concedo o direito de comer e beber à minha mesa, em meu reino. Vocês se sentarão em tronos e julgarão as doze tribos de Israel".

Então o Senhor disse: "Simão, Simão, Satanás pediu para peneirar cada um de vocês como trigo. Contudo, supliquei em oração por você,

Simão, para que sua fé não vacile. Portanto, quando tiver se arrependido e voltado para mim, fortaleça seus irmãos".

Pedro disse: "Senhor, estou pronto a ir para a prisão, e até a morrer ao seu lado".

Jesus, porém, respondeu: "Pedro, vou lhe dizer uma coisa: hoje, antes que o galo cante, você negará três vezes que me conhece".

Em seguida, Jesus lhes perguntou: "Quando eu os enviei para anunciar as boas-novas sem dinheiro, sem bolsa de viagem e sem sandálias extras, alguma coisa lhes faltou?".

"Não", responderam eles.

Então ele disse: "Agora, porém, peguem dinheiro e uma bolsa de viagem. E, se não tiverem uma espada, vendam sua capa e comprem uma. Pois é necessário que se cumpra esta profecia a meu respeito: 'Ele foi contado entre os rebeldes'. Sim, tudo que os profetas escreveram a meu respeito se cumprirá".

Eles responderam: "Senhor, temos aqui duas espadas".

"É suficiente", disse ele.

Então, acompanhado de seus discípulos, Jesus foi, como de costume, ao monte das Oliveiras. Ao chegar, disse: "Orem para que vocês não cedam à tentação".

Afastou-se a uma distância como de um arremesso de pedra, ajoelhou-se e orou: "Pai, se queres, afasta de mim este cálice. Contudo, que seja feita a tua vontade, e não a minha". Então apareceu um anjo do céu, que o fortalecia. Ele orou com ainda mais fervor, e sua angústia era tanta que seu suor caía na terra como gotas de sangue.

Por fim, ele se levantou, voltou aos discípulos e os encontrou dormindo, exaustos de tristeza. "Por que vocês dormem?", perguntou ele. "Levantem-se e orem para que não cedam à tentação."

Enquanto Jesus ainda falava, chegou uma multidão conduzida por Judas, um dos Doze. Ele se aproximou de Jesus e o cumprimentou com um beijo. Jesus, porém, lhe disse: "Judas, com um beijo você trai o Filho do Homem?".

Quando aqueles que estavam com Jesus viram o que ia acontecer, disseram: "Senhor, devemos lutar? Trouxemos as espadas!". E um deles feriu o servo do sumo sacerdote, cortando-lhe a orelha direita.

Mas Jesus disse: "Basta!". E, tocando a orelha do homem, curou-o.

Então Jesus se dirigiu aos principais sacerdotes, aos capitães da guarda do templo e aos líderes do povo que tinham vindo buscá-lo: "Por acaso sou um revolucionário perigoso para que venham me prender com espadas e pedaços de pau? Por que não me prenderam no templo? Todos os dias eu estava ali, ensinando. Mas esta é a hora de vocês, o tempo em que reina o poder das trevas".

Então eles o prenderam e o levaram à casa do sumo sacerdote. Pedro o seguiu de longe. Os guardas acenderam uma fogueira no meio do pátio e sentaram-se em volta, e Pedro sentou-se com eles. Uma criada o notou à luz da fogueira e começou a olhar fixamente para ele. Por fim, disse: "Este homem era um dos seguidores de Jesus!".

Mas Pedro negou, dizendo: "Mulher, eu nem o conheço!".

Pouco depois, um homem olhou para ele e disse: "Você também é um deles!".

"Não sou!", retrucou Pedro.

Cerca de uma hora mais tarde, outro homem afirmou: "Com certeza esse aí também estava com ele, pois também é galileu!".

Pedro, porém, respondeu: "Homem, eu não sei do que você está falando". E, no mesmo instante, o galo cantou.

Então o Senhor se voltou e olhou para Pedro. E Pedro se lembrou das palavras dele: "Hoje, antes que o galo cante, você me negará três vezes". E Pedro saiu dali, chorando amargamente.

Os guardas encarregados de Jesus começaram a zombar dele e a bater nele. Vendaram seus olhos e diziam: "Profetize para nós! Quem foi que lhe bateu desta vez?". E o insultavam de muitas outras maneiras.

Ao amanhecer, todos os líderes do povo se reuniram, incluindo os principais sacerdotes e os mestres da lei. Jesus foi conduzido à presença desse conselho, e eles perguntaram: "Diga-nos, você é o Cristo?".

Jesus respondeu: "Se eu lhes disser, de modo algum acreditarão em mim. E, se eu lhes fizer uma pergunta, não responderão. Mas, de agora em diante, o Filho do Homem se sentará à direita do Deus Poderoso".

Todos gritaram: "Então você afirma que é o Filho de Deus?".

E ele respondeu: "Vocês dizem que eu sou".

"Que necessidade temos de outras testemunhas?", disseram eles. "Nós mesmos o ouvimos de sua boca!"

Então todo o conselho levou Jesus a Pilatos. Começaram a apresentar o caso: "Este homem corrompe o nosso povo, dizendo que não se deve pagar impostos ao governo romano e afirmando ser ele próprio o Cristo, o rei".

Então Pilatos lhe perguntou: "Você é o rei dos judeus?".

Jesus respondeu: "É como você diz".

Pilatos se voltou para os principais sacerdotes e para a multidão e disse: "Não vejo crime algum neste homem!".

Mas eles insistiam: "Ele provoca revoltas em toda a Judeia com seus ensinamentos, começando pela Galileia e agora aqui, em Jerusalém!".

"Então ele é galileu?", perguntou Pilatos. Quando responderam que sim, Pilatos o enviou a Herodes Antipas, pois a Galileia ficava sob sua jurisdição, e naqueles dias ele estava em Jerusalém.

Herodes se animou com a oportunidade de ver Jesus, pois tinha ouvido falar a seu respeito e esperava, havia tempo, vê-lo realizar algum milagre. Fez uma série de perguntas a Jesus, mas ele não lhe respondeu. Enquanto isso, os principais sacerdotes e mestres da lei permaneciam ali, gritando acusações. Então Herodes e seus soldados começaram a zombar de Jesus e ridicularizá-lo. Por fim, vestiram nele um manto real e o mandaram de volta a Pilatos. Naquele dia, Herodes e Pilatos, que eram inimigos, tornaram-se amigos.

Então Pilatos reuniu os principais sacerdotes e outros líderes religiosos, juntamente com o povo, e anunciou seu veredicto: "Vocês me trouxeram este homem acusando-o de liderar uma revolta. Eu o interroguei minuciosamente a esse respeito na presença de vocês e vejo que não há nada que o condene. Herodes chegou à mesma conclusão e o enviou de volta a nós. Nada do que ele fez merece a pena de morte. Portanto, ordenarei que seja açoitado e o soltarei". (Era necessário libertar-lhes um prisioneiro durante a festa da Páscoa.)

Um grande clamor se levantou da multidão, e a uma só voz gritavam: "Mate-o! Solte-nos Barrabás!". Esse Barrabás estava preso por ter participado de uma revolta em Jerusalém contra o governo e ter cometido assassinato. Pilatos discutiu com eles, pois desejava soltar Jesus. Eles, porém, continuaram gritando: "Crucifique-o! Crucifique-o!".

Pela terceira vez, ele perguntou: "Por quê? Que crime ele cometeu? Não encontrei motivo para condená-lo à morte. Portanto, ordenarei que seja açoitado e o soltarei".

A multidão gritava cada vez mais alto, exigindo que Jesus fosse crucificado, e seu clamor prevaleceu. Então Pilatos condenou Jesus à morte, conforme exigiam. A pedido deles, libertou Barrabás, o homem preso por revolta e assassinato. Depois, entregou-lhes Jesus para fazerem com ele o que quisessem.

Enquanto levavam Jesus, um homem chamado Simão, de Cirene, vinha do campo. Os soldados o agarraram, puseram a cruz sobre ele e o obrigaram a carregá-la atrás de Jesus. Uma grande multidão os seguia, incluindo muitas mulheres aflitas que choravam por ele. Mas Jesus, dirigindo-se a elas, disse: "Filhas de Jerusalém, não chorem por mim; chorem por si mesmas e por seus filhos. Pois estão chegando os dias em que dirão: 'Felizes as mulheres que nunca tiveram filhos e os seios que nunca amamentaram!'.

Suplicarão aos montes: 'Caiam sobre nós!' e pedirão às colinas: 'Soterrem--nos!'. Pois, se fazem estas coisas com a árvore verde, o que acontecerá com a árvore seca?".

Dois outros homens, ambos criminosos, foram levados com ele a fim de também serem executados. Quando chegaram ao lugar chamado Caveira, o pregaram na cruz. Os criminosos também foram crucificados, um à sua direita e outro à sua esquerda.

Jesus disse: "Pai, perdoa-lhes, pois não sabem o que fazem". E os soldados tiraram sortes para dividir entre si as roupas de Jesus.

A multidão observava, e os líderes zombavam. "Salvou os outros, salve a si mesmo, se é o Cristo, o escolhido de Deus", diziam. Os soldados também zombavam dele, oferecendo-lhe vinagre para beber. Diziam: "Se você é o Rei dos judeus, salve a si mesmo!". Uma tabuleta presa acima dele dizia: "ESTE É O REI DOS JUDEUS".

Um dos criminosos, dependurado ao lado dele, zombava: "Então você é o Cristo? Salve a si mesmo e a nós também!".

Mas o outro criminoso o repreendeu: "Você não teme a Deus, nem mesmo ao ser condenado à morte? Nós merecemos morrer por nossos crimes, mas este homem não cometeu mal algum". Então ele disse: "Jesus, lembre-se de mim quando vier no seu reino".

E Jesus lhe respondeu: "Eu lhe asseguro que hoje você estará comigo no paraíso".

Já era cerca de meio-dia, e a escuridão cobriu toda a terra até as três horas da tarde. A luz do sol desapareceu, e a cortina do santuário do templo rasgou-se ao meio. Então Jesus clamou em alta voz: "Pai, em tuas mãos entrego meu espírito!". E, com essas palavras, deu o último suspiro.

Quando o oficial romano que supervisionava a execução viu o que havia acontecido, adorou a Deus e disse: "Sem dúvida este homem era inocente". E, quando toda a multidão que tinha ido assistir à crucificação viu isso, voltou para casa entristecida e batendo no peito. Mas os amigos de Jesus, incluindo as mulheres que o seguiram desde a Galileia, olhavam de longe.

Havia um homem bom e justo chamado José, membro do conselho dos líderes do povo, mas que não tinha concordado com a decisão e os atos dos outros líderes religiosos. Era da cidade de Arimateia, na Judeia, e esperava a vinda do reino de Deus. José foi a Pilatos e pediu o corpo de Jesus. Desceu o corpo da cruz, enrolou-o num lençol de linho e o colocou num túmulo novo, escavado na rocha. Isso aconteceu na sexta-feira à tarde, no dia da preparação, quando o sábado estava para começar.

As mulheres da Galileia seguiram José e viram o túmulo onde o corpo de Jesus foi colocado. Depois, foram para casa e prepararam especiarias e perfumes para ungir o corpo. No sábado, descansaram, conforme a lei exigia.

No primeiro dia da semana, bem cedo, as mulheres foram ao túmulo, levando as especiarias que haviam preparado, e viram que a pedra tinha sido afastada da entrada. Quando entraram no túmulo, não encontraram o corpo do Senhor Jesus. Enquanto estavam ali, perplexas, dois homens apareceram, vestidos com mantos resplandecentes.

As mulheres ficaram amedrontadas e se curvaram com o rosto em terra. Então os homens perguntaram: "Por que vocês procuram entre os mortos aquele que vive? Ele não está aqui. Ressuscitou! Lembrem-se do que ele lhes disse na Galileia: 'É necessário que o Filho do Homem seja traído e entregue nas mãos de pecadores, seja crucificado e ressuscite no terceiro dia'".

Então lembraram-se dessas palavras de Jesus e, voltando do túmulo, foram contar aos onze discípulos e a todos os outros o que havia acontecido. Maria Madalena, Joana, Maria, mãe de Tiago, e as outras mulheres que as acompanhavam relataram tudo aos apóstolos. Para eles, porém, a história pareceu absurda, e não acreditaram nelas. Mas Pedro se levantou e correu até o túmulo. Abaixando-se, olhou atentamente para dentro e viu os panos de linho vazios; então voltou para casa, admirado com o que havia acontecido.

Naquele mesmo dia, dois dos seguidores de Jesus caminhavam para o povoado de Emaús, a onze quilômetros de Jerusalém. No caminho, falavam a respeito de tudo que havia acontecido. Enquanto conversavam e discutiam, o próprio Jesus se aproximou e começou a andar com eles. Os olhos deles, porém, estavam como que impedidos de reconhecê-lo.

Jesus lhes perguntou: "Sobre o que vocês tanto debatem enquanto caminham?".

Eles pararam, com o rosto entristecido. Então um deles, chamado Cleopas, respondeu: "Você deve ser a única pessoa em Jerusalém que não sabe das coisas que aconteceram lá nos últimos dias".

"Que coisas?", perguntou Jesus.

"As coisas que aconteceram com Jesus de Nazaré", responderam eles. "Ele era um profeta de palavras e ações poderosas aos olhos de Deus e de todo o povo. Mas os principais sacerdotes e outros líderes religiosos o entregaram para que fosse condenado à morte e o crucificaram. Tínhamos esperança de que ele fosse aquele que resgataria Israel. Isso tudo aconteceu há três dias.

"Algumas mulheres de nosso grupo foram até seu túmulo hoje bem cedo e voltaram contando uma história surpreendente. Disseram que o corpo havia sumido e que viram anjos que lhes disseram que Jesus está vivo. Alguns homens de nosso grupo correram até lá para ver e, de fato, tudo estava como as mulheres disseram, mas não o viram."

Então Jesus lhes disse: "Como vocês são tolos! Como custam a entender o que os profetas registraram nas Escrituras! Não percebem que era necessário que o Cristo sofresse essas coisas antes de entrar em sua glória?". Então Jesus os conduziu por todos os escritos de Moisés e dos profetas, explicando o que as Escrituras diziam a respeito dele.

Aproximando-se de Emaús, o destino deles, Jesus fez como quem seguiria viagem, mas eles insistiram: "Fique conosco esta noite, pois já é tarde". E Jesus foi para casa com eles. Quando estavam à mesa, ele tomou o pão e o abençoou. Depois, partiu-o e lhes deu. Então os olhos deles foram abertos e o reconheceram. Nesse momento, ele desapareceu.

Disseram um ao outro: "Não ardia o nosso coração quando ele falava conosco no caminho e nos explicava as Escrituras?". E, na mesma hora, levantaram-se e voltaram para Jerusalém. Ali, encontraram os onze discípulos e os outros que estavam reunidos com eles, que lhes disseram: "É verdade que o Senhor ressuscitou! Ele apareceu a Pedro!".

Então os dois contaram como Jesus tinha aparecido enquanto andavam pelo caminho, e como o haviam reconhecido quando ele partiu o pão.

Enquanto contavam isso, o próprio Jesus apareceu entre eles e lhes disse:

"Paz seja com vocês!". Eles se assustaram e ficaram amedrontados, pensando que viam um fantasma.

"Por que estão perturbados?", perguntou ele. "Por que seu coração está cheio de dúvida? Vejam minhas mãos e meus pés. Sou eu mesmo! Toquem-me e vejam que não sou um fantasma, pois fantasmas não têm carne nem ossos e, como veem, eu tenho." Enquanto falava, mostrou-lhes as mãos e os pés.

Eles continuaram sem acreditar, cheios de alegria e espanto. Então Jesus perguntou: "Vocês têm aqui alguma coisa para comer?". Eles lhe deram um pedaço de peixe assado, e ele comeu diante de todos.

Em seguida, disse: "Enquanto ainda estava com vocês, eu lhes falei que devia se cumprir tudo que a lei de Moisés, os profetas e os salmos diziam a meu respeito". Então ele lhes abriu a mente para que entendessem as Escrituras, e disse: "Sim, está escrito que o Cristo haveria de sofrer, morrer e ressuscitar no terceiro dia, e que a mensagem de arrependimento para o perdão dos pecados seria proclamada com a autoridade de seu nome a todas as nações, começando por Jerusalém. Vocês são testemunhas dessas coisas.

"Agora, envio a vocês a promessa de meu Pai. Mas fiquem na cidade até que sejam revestidos do poder do céu".

Depois Jesus os levou a Betânia e, levantando as mãos para o céu, os abençoou. Enquanto ainda os abençoava, deixou-os e foi elevado ao céu. Então eles o adoraram e voltaram para Jerusalém cheios de grande alegria. E estavam sempre no templo, louvando a Deus.

ATOS

Em meu primeiro livro, relatei a você, Teófilo, tudo que Jesus começou a fazer e a ensinar até o dia em que foi levado para o céu, depois de dar a seus apóstolos escolhidos mais instruções por meio do Espírito Santo. Durante os quarenta dias após seu sofrimento e morte, Jesus apareceu aos apóstolos diversas vezes. Ele lhes apresentou muitas provas claras de que estava vivo e lhes falou do reino de Deus.

Certa ocasião, enquanto comia com eles, deu-lhes a seguinte ordem: "Não saiam de Jerusalém até o Pai enviar a promessa, conforme eu lhes disse antes. João batizou com água, mas dentro de poucos dias vocês serão batizados com o Espírito Santo".

Então os que estavam com Jesus lhe perguntaram: "Senhor, será esse o momento em que restaurará o reino a Israel?".

Ele respondeu: "O Pai já determinou o tempo e a ocasião para que isso aconteça, e não cabe a vocês saber. Vocês receberão poder quando o Espírito Santo descer sobre vocês, e serão minhas testemunhas em toda parte: em Jerusalém, em toda a Judeia, em Samaria e nos lugares mais distantes da terra".

Depois de ter dito isso, foi elevado numa nuvem, e os discípulos não conseguiram mais vê-lo. Continuaram a olhar atentamente para o céu, até que dois homens vestidos de branco apareceram de repente no meio deles e disseram: "Homens da Galileia, por que estão aí parados, olhando para o céu? Esse Jesus, que foi elevado do meio de vocês ao céu, voltará do mesmo modo como o viram subir!".

Então voltaram do monte das Oliveiras para Jerusalém, cerca de um quilômetro de distância. Quando chegaram, subiram à sala no andar superior da casa onde estavam hospedados.

Estavam ali Pedro, João, Tiago, André, Filipe, Tomé, Bartolomeu, Mateus, Tiago, filho de Alfeu, Simão, o zelote, e Judas, filho de Tiago. Todos eles se reuniam em oração com um só propósito, acompanhados de algumas mulheres e também de Maria, mãe de Jesus, e os irmãos dele.

Por esse tempo, quando cerca de 120 discípulos estavam reunidos num só lugar, Pedro se levantou e disse: "Irmãos, era necessário que se cumprissem as Escrituras a respeito de Judas, que serviu de guia aos que prenderam Jesus. Esse acontecimento havia sido predito pelo Espírito Santo, por meio do rei Davi. Judas era um de nós e participava do ministério conosco".

(Ele comprou um campo com o dinheiro que recebeu por sua perversidade. Ao cair ali de cabeça, seu corpo se partiu ao meio, e seus intestinos se derramaram. A notícia se espalhou entre todos os habitantes de Jerusalém, e eles deram ao lugar o nome aramaico *Aceldama*, que significa "Campo de Sangue".)

Pedro continuou: "Estava escrito no livro de Salmos: 'Que sua casa fique desolada, sem ninguém morando nela'. Também diz: 'Que outro ocupe seu lugar'.

"Agora, portanto, devemos escolher um dentre os homens que estiveram conosco durante todo o tempo em que o Senhor Jesus andou entre nós, desde que ele foi batizado por João até o dia em que foi tirado de nosso meio e elevado ao céu. O escolhido se juntará a nós como testemunha da ressurreição".

Então indicaram dois homens: José, chamado Barsabás e conhecido também como Justo, e Matias. Em seguida, oraram: "Senhor, tu conheces cada coração. Mostra-nos qual destes homens escolheste como apóstolo para substituir Judas neste ministério, pois ele se desviou e foi para seu devido lugar". Então lançaram sortes e Matias foi escolhido como apóstolo, juntando-se aos outros onze.

No dia de Pentecostes, todos estavam reunidos num só lugar. De repente, veio do céu um som como o de um poderoso vendaval e encheu a casa onde estavam sentados. Então surgiu algo semelhante a chamas ou línguas de fogo que pousaram sobre cada um deles. Todos ficaram cheios do Espírito Santo e começaram a falar em outras línguas, conforme o Espírito os habilitava.

Naquela época, judeus devotos de todas as nações viviam em Jerusalém. Quando ouviram o som das vozes, vieram correndo e ficaram espantados, pois cada um deles ouvia em seu próprio idioma.

Muito admirados, exclamavam: "Como isto é possível? Estes homens são todos galileus e, no entanto, cada um de nós os ouve falar em nosso próprio idioma! Estão aqui partos, medos, elamitas, habitantes da Mesopotâmia, da Judeia, da Capadócia, do Ponto, da província da Ásia, da Frígia, da Panfília, do Egito e de regiões da Líbia próximas a Cirene, visitantes de Roma (tanto judeus como convertidos ao judaísmo), cretenses e árabes, e todos nós ouvimos estas pessoas falarem em nossa própria

língua sobre as coisas maravilhosas que Deus fez!". Admirados e perplexos, perguntavam uns aos outros: "Que significa isto?".
Outros, porém, zombavam e diziam: "Eles estão bêbados!".

Então Pedro deu um passo à frente com os onze apóstolos e dirigiu-se em alta voz à multidão: "Ouçam com atenção, todos vocês, povo da Judeia e habitantes de Jerusalém! Escutem o que lhes digo! Estas pessoas não estão bêbadas, como alguns de vocês pensam, pois são apenas nove horas da manhã. Pelo contrário! O que vocês estão vendo foi predito há tempos pelo profeta Joel:

'Nos últimos dias', disse Deus,
'derramarei meu Espírito sobre todo tipo de pessoa.
Seus filhos e suas filhas profetizarão;
os jovens terão visões,
e os velhos terão sonhos.
Naqueles dias, derramarei meu Espírito
até mesmo sobre servos e servas,
e eles profetizarão.
Farei maravilhas em cima, no céu,
e sinais embaixo, na terra:
sangue e fogo, e nuvens de fumaça.
O sol se escurecerá,
e a lua se tornará vermelha como sangue,
antes que chegue o grande e glorioso dia do Senhor.
Mas todo aquele que invocar o nome do Senhor
será salvo'.

"Povo de Israel, escute! Deus aprovou publicamente Jesus, o nazareno, ao realizar milagres, maravilhas e sinais por meio dele, como vocês bem sabem. Ele foi entregue conforme o plano preestabelecido por Deus e seu conhecimento prévio daquilo que aconteceria. Com a ajuda de gentios que desconheciam a lei, vocês o pregaram na cruz e o mataram. Mas Deus o ressuscitou, libertando-o dos horrores da morte, pois ela não pôde mantê-lo sob seu domínio. A respeito dele disse o rei Davi:

'Vejo que o Senhor está sempre comigo;
não serei abalado, pois ele está à minha direita.
Não é de admirar que meu coração esteja alegre
e que minha língua o louve;
meu corpo repousa em esperança.
Pois tu não deixarás minha alma entre os mortos,
nem permitirás que o teu Santo apodreça no túmulo.

Tu me mostraste o caminho da vida,
e me encherás com a alegria de tua presença'.

"Irmãos, permitam-me dizer com toda convicção que o patriarca Davi não estava se referindo a si mesmo, pois ele morreu e foi sepultado, e seu túmulo ainda está aqui, entre nós. Mas ele era profeta e sabia que Deus havia prometido sob juramento que um de seus descendentes se sentaria em seu trono. Davi estava olhando para o futuro e falando da ressurreição do Cristo, que não foi deixado entre os mortos nem seu corpo apodreceu no túmulo.

"Foi esse Jesus que Deus ressuscitou, e todos nós somos testemunhas disso. Ele foi exaltado ao lugar de honra, à direita de Deus. E, conforme havia prometido, o Pai lhe deu o Espírito Santo, que ele derramou sobre nós, como vocês estão vendo e ouvindo hoje. Pois Davi não subiu ao céu e, no entanto, disse:

'O Senhor disse ao meu Senhor:
Sente-se no lugar de honra à minha direita,
até que eu humilhe seus inimigos
e os ponha debaixo de seus pés'.

"Portanto, saibam com certeza todos em Israel que a esse Jesus, que vocês crucificaram, Deus fez Senhor e Cristo!".

As palavras partiram o coração dos que ouviam, e eles perguntaram a Pedro e aos outros apóstolos: "Irmãos, o que devemos fazer?".

Pedro respondeu: "Vocês devem se arrepender, para o perdão de seus pecados, e cada um deve ser batizado em nome de Jesus Cristo. Então receberão a dádiva do Espírito Santo. Essa promessa é para vocês, para seus filhos e para os que estão longe, isto é, para todos que forem chamados pelo Senhor, nosso Deus". Pedro continuou a pregar, advertindo com insistência a seus ouvintes: "Salvem-se desta geração corrompida!".

Os que acreditaram nas palavras de Pedro foram batizados, e naquele dia houve um acréscimo de cerca de três mil pessoas.

Todos se dedicavam de coração ao ensino dos apóstolos, à comunhão, ao partir do pão e à oração.

Havia em todos eles um profundo temor, e os apóstolos realizavam muitos sinais e maravilhas. Os que criam se reuniam num só lugar e compartilhavam tudo que possuíam. Vendiam propriedades e bens e repartiam o dinheiro com os necessitados, adoravam juntos no templo diariamente, reuniam-se nos lares para comer e partiam o pão com grande alegria e generosidade, sempre louvando a Deus e desfrutando a simpatia de todo o povo. E, a cada dia, o Senhor lhes acrescentava aqueles que iam sendo salvos.

Certo dia, por volta das três da tarde, Pedro e João foram ao templo orar. Um homem, aleijado de nascença, estava sendo carregado. Todos os dias, ele era colocado ao lado da porta chamada Formosa, para pedir esmolas a quem entrasse no templo. Quando ele viu que Pedro e João iam entrar, pediu-lhes dinheiro.

Pedro e João se voltaram para ele. "Olhe para nós!", disse Pedro. O homem fixou o olhar neles, esperando receber alguma esmola. Pedro, no entanto, disse: "Não tenho prata nem ouro, mas lhe dou o que tenho. Em nome de Jesus Cristo, o nazareno, levante-se e ande!".

Então Pedro segurou o aleijado pela mão e o ajudou a levantar-se. No mesmo instante, os pés e os tornozelos do homem foram curados e fortalecidos. De um salto, ele se levantou e começou a andar. Em seguida, caminhando, saltando e louvando a Deus, entrou no templo com eles.

Quando o viram caminhar e o ouviram louvar a Deus, todos perceberam que era o mesmo mendigo que tantas vezes tinham visto na porta Formosa, e ficaram perplexos. Admirados, correram todos para o Pórtico de Salomão, onde o homem permanecia com Pedro e João e não se afastava deles.

Pedro, percebendo o que ocorria, dirigiu-se à multidão. "Povo de Israel, por que ficam surpresos com isso?", disse ele. "Por que olham para nós como se tivéssemos feito este homem andar por nosso próprio poder ou devoção? Pois foi o Deus de Abraão, de Isaque e de Jacó, o Deus de nossos antepassados, quem glorificou seu Servo Jesus, a quem vocês traíram e rejeitaram diante de Pilatos, apesar de ele ter decidido soltá-lo. Vocês rejeitaram o Santo e Justo e, em seu lugar, exigiram que um assassino fosse liberto. Mataram o autor da vida, mas Deus o ressuscitou dos mortos. E nós somos testemunhas desse fato!

"Pela fé no nome de Jesus, este homem que vocês veem e conhecem foi curado. A fé no nome de Jesus o curou diante de seus olhos.

"Irmãos, sei que vocês e seus líderes agiram por ignorância. Mas Deus assim cumpriu o que todos os profetas haviam predito acerca do Cristo, que era necessário ele sofrer essas coisas. Agora, arrependam-se e voltem-se para Deus, para que seus pecados sejam apagados. Então, da presença do Senhor virão tempos de renovação, e ele enviará novamente Jesus, o Cristo que lhes foi designado. Pois ele deve permanecer no céu até o tempo da restauração final de todas as coisas, conforme Deus prometeu há muito tempo por meio de seus santos profetas. Moisés disse: 'O Senhor, seu Deus, levantará para vocês um profeta como eu, do meio de seu povo. Ouçam com atenção tudo que ele lhes disser. Quem não der ouvidos a esse profeta será eliminado do meio do povo'.

"A começar por Samuel, todos os profetas falaram sobre o que está acontecendo hoje. Vocês são descendentes desses profetas e estão incluídos na aliança que Deus fez com seus antepassados ao dizer a Abraão: 'Por meio de sua descendência, todas as famílias da terra serão abençoadas'. Quando Deus ressuscitou seu Servo, ele o enviou primeiro a vocês, o povo de Israel, para abençoá-los, fazendo cada um de vocês se afastar de seus caminhos pecaminosos."

Enquanto falavam ao povo, Pedro e João foram confrontados pelos sacerdotes, pelo capitão da guarda do templo e por alguns saduceus. Os líderes estavam muito perturbados porque Pedro e João ensinavam ao povo que em Jesus há ressurreição dos mortos. Eles os prenderam e, como já anoitecia, os colocaram na prisão até a manhã seguinte. Muitos que tinham ouvido a mensagem creram, totalizando, agora, cerca de cinco mil homens.

No dia seguinte, o conselho das autoridades, dos líderes do povo e dos mestres da lei se reuniu em Jerusalém. Estavam ali Anás, o sumo sacerdote, e também Caifás, João, Alexandre e outros parentes do sumo sacerdote. Mandaram trazer Pedro e João e os interrogaram: "Com que poder, ou em nome de quem, vocês fizeram isso?".

Cheio do Espírito Santo, Pedro lhes respondeu: "Autoridades e líderes do povo, estamos sendo interrogados hoje porque realizamos uma boa ação em favor de um aleijado, e os senhores querem saber como ele foi curado. Saibam os senhores e todo o povo de Israel que ele foi curado pelo nome de Jesus Cristo, o nazareno, a quem os senhores crucificaram, mas a quem Deus ressuscitou dos mortos. Pois é a respeito desse Jesus que se diz:

> 'A pedra que vocês, os construtores, rejeitaram
>   se tornou a pedra angular'.

Não há salvação em nenhum outro! Não há nenhum outro nome debaixo do céu, em toda a humanidade, por meio do qual devamos ser salvos".

Quando os membros do conselho viram a coragem de Pedro e João, ficaram admirados, pois perceberam que eram homens comuns, sem instrução religiosa formal. Reconheceram também que eles haviam estado com Jesus. Mas não havia nada que pudessem fazer, pois o homem que tinha sido curado estava ali diante deles. Assim, ordenaram que Pedro e João fossem retirados da sala do conselho e começaram a discutir entre si.

"Que faremos com esses homens?", perguntavam uns aos outros. "Não podemos negar que realizaram um sinal, como todos em Jerusalém sabem. Mas, para evitar que espalhem sua mensagem, devemos adverti-los de que não falem nesse nome a mais ninguém." Então os chamaram de volta e ordenaram que nunca mais falassem nem ensinassem em nome de Jesus.

Pedro e João, porém, responderam: "Os senhores acreditam que Deus quer que obedeçamos a vocês, e não a ele? Não podemos deixar de falar do que vimos e ouvimos!".

Os membros do conselho fizeram novas ameaças, mas, por fim, os soltaram. Não sabiam como castigá-los sem provocar um tumulto, visto que todos louvavam a Deus pelo ocorrido, pois o aleijado que havia sido curado milagrosamente tinha mais de quarenta anos de idade.

Assim que foram libertos, Pedro e João voltaram ao lugar onde estavam os outros irmãos e lhes contaram o que os principais sacerdotes e líderes tinham dito. Ao ouvir o relato, todos os presentes levantaram juntos a voz e oraram a Deus: "Ó Soberano Senhor, Criador dos céus e da terra, do mar e de tudo que neles há, falaste muito tempo atrás pelo Espírito Santo, nas palavras de nosso antepassado Davi, teu servo:

'Por que as nações se enfureceram tanto?
Por que perderam tempo com planos inúteis?
Os reis da terra se prepararam para guerrear;
os governantes se uniram
contra o Senhor
e contra seu Cristo'.

"De fato, isso aconteceu aqui, nesta cidade, pois Herodes Antipas, o governador Pôncio Pilatos, os gentios e o povo de Israel se uniram contra Jesus, teu santo Servo, a quem ungiste. Tudo que fizeram, porém, havia sido decidido de antemão pela tua vontade. E agora, Senhor, ouve as ameaças deles e concede a teus servos coragem para anunciar tua palavra. Estende tua mão com poder para curar, e que sinais e maravilhas sejam realizados por meio do nome de teu santo Servo Jesus".

Depois dessa oração, o lugar onde estavam reunidos tremeu, e todos ficaram cheios do Espírito Santo e pregavam corajosamente a palavra de Deus.

Todos os que creram estavam unidos em coração e mente. Não se consideravam donos de seus bens, de modo que compartilhavam tudo que tinham. Com grande poder, os apóstolos davam testemunho da ressurreição do Senhor Jesus, e sobre todos eles havia grande graça. Entre eles não havia necessitados, pois quem possuía terras ou casas vendia o que era seu e levava o dinheiro aos apóstolos, para que dessem aos que precisavam de ajuda.

José, a quem os apóstolos deram o nome Barnabé, que significa "Filho do encorajamento", era da tribo de Levi e tinha nascido na ilha de Chipre. Ele vendeu um campo que possuía e entregou o dinheiro aos apóstolos.

Havia, porém, um homem chamado Ananias que, com sua esposa, Safira, vendeu uma propriedade. Levou apenas parte do dinheiro aos apóstolos, mas, com aprovação da esposa, afirmou que aquele era o valor total e ficou com o resto.

Então Pedro disse: "Ananias, por que você deixou Satanás encher seu coração? Você mentiu para o Espírito Santo quando guardou parte do dinheiro para si. A propriedade era sua para vender ou não, como quisesse. E, depois de vendê-la, o dinheiro também era seu, para entregar ou não. Como pôde fazer uma coisa dessas? Você não mentiu para nós, mas para Deus!".

Assim que Ananias ouviu essas palavras, caiu no chão e morreu. Um grande temor se apoderou de todos que souberam o que havia acontecido. Então alguns jovens se levantaram, envolveram o corpo num lençol e o levaram para fora, e depois o sepultaram.

Cerca de três horas depois, sua esposa entrou, sem saber o que havia acontecido. Pedro lhe perguntou: "Foi esse o valor que você e seu marido receberam pelo terreno?".

Ela respondeu: "Sim, foi esse o valor".

Então Pedro disse: "Como vocês puderam conspirar para pôr à prova o Espírito do Senhor? Veja, os jovens que sepultaram seu marido estão logo ali, perto da porta, e também levarão você".

No mesmo instante, ela caiu no chão e morreu. Quando os jovens entraram e viram que ela estava morta, levaram seu corpo para fora e a sepultaram ao lado do marido. Um grande temor se apoderou de toda a igreja e de todos que souberam desse acontecimento.

Os apóstolos realizavam muitos sinais e maravilhas entre o povo. Todos se reuniam regularmente no templo, na parte conhecida como Pórtico de Salomão. Quando se reuniam ali, ninguém mais tinha coragem de juntar-se a eles, embora o povo os tivesse em alta consideração. Cada vez mais pessoas, multidões de homens e mulheres, criam no Senhor. Como resultado, o povo levava os doentes às ruas em camas e macas para que a sombra de Pedro cobrisse alguns deles enquanto ele passava. Muita gente vinha das cidades ao redor de Jerusalém, trazendo doentes e atormentados por espíritos impuros, e todos eram curados.

Tomados de inveja, o sumo sacerdote e seus oficiais, que eram saduceus, prenderam os apóstolos e os colocaram numa prisão pública. Um anjo do Senhor, porém, veio durante a noite, abriu as portas do cárcere e os levou para fora. "Vão ao templo e transmitam ao povo esta mensagem de vida!", disse ele.

Desse modo, ao amanhecer, os apóstolos entraram no templo, conforme haviam sido instruídos, e, sem demora, começaram a ensinar.

Mais tarde, o sumo sacerdote e seus oficiais chegaram, reuniram o conselho, isto é, toda a assembleia dos líderes de Israel, e mandaram buscar os apóstolos na prisão. Mas, quando os guardas do templo chegaram à prisão, os homens não estavam lá. Então voltaram e contaram: "A prisão estava bem trancada, com os guardas vigiando do lado de fora, mas, quando abrimos as portas, não havia ninguém!".

Ao ouvir isso, o capitão da guarda do templo e os principais sacerdotes ficaram perplexos e se perguntavam o que aconteceria em seguida. Então alguém chegou com a seguinte notícia: "Os homens que os senhores puseram na cadeia estão no templo, ensinando o povo!".

O capitão e seus guardas foram e prenderam os apóstolos, mas sem violência, pois temiam que o povo os apedrejasse. Em seguida, levaram os apóstolos e os apresentaram ao conselho de líderes do povo, onde o sumo sacerdote os confrontou. "Nós lhes ordenamos firmemente que nunca mais ensinassem em nome desse homem", disse ele. "E, mesmo assim, vocês encheram Jerusalém com esse seu ensino e querem nos responsabilizar pela morte dele!"

Pedro e os apóstolos responderam: "Devemos obedecer a Deus antes de qualquer autoridade humana. O Deus de nossos antepassados ressuscitou Jesus dos mortos depois que os senhores o mataram, pendurando-o numa cruz. Deus o colocou no lugar de honra, à sua direita, como Príncipe e Salvador, para que o povo de Israel se arrependesse de seus pecados e fosse perdoado. Somos testemunhas dessas coisas, e assim é também o Espírito Santo, que Deus dá àqueles que lhe obedecem".

Quando ouviram isso, os membros do conselho se enfureceram e decidiram matá-los. Um deles, porém, um fariseu chamado Gamaliel, especialista na lei e respeitado por todo o povo, levantou-se e ordenou que eles fossem retirados da sala do conselho por um momento. Em seguida, disse aos demais: "Israelitas, cuidado com o que planejam fazer a esses homens! Algum tempo atrás, surgiu um certo Teudas, que afirmava ser alguém importante. Umas quatrocentas pessoas se juntaram a ele, mas foi morto e seus seguidores se dispersaram, e o movimento deu em nada. Depois dele, na época do censo, apareceu Judas, da Galileia, que fez muitos seguidores. Ele também foi morto, e seu grupo se dispersou.

"Portanto, meu conselho é que deixem esses homens em paz e os soltem. Se o que planejam e fazem é meramente humano, logo serão frustrados. Mas, se é de Deus, vocês não serão capazes de impedi-los. Pode até acontecer de vocês acabarem lutando contra Deus".

Os demais membros aceitaram o conselho de Gamaliel. Chamaram os apóstolos e mandaram açoitá-los. Depois, ordenaram que nunca mais falassem em nome de Jesus e, por fim, os soltaram.

Quando os apóstolos saíram da reunião do conselho, estavam alegres porque Deus os havia considerado dignos de sofrer humilhação pelo nome de Jesus. E todos os dias, no templo e de casa em casa, continuavam a ensinar e anunciar que Jesus é o Cristo.

À medida que o número de discípulos crescia, surgiam murmúrios de descontentamento. Os judeus de fala grega se queixavam dos de fala hebraica, dizendo que suas viúvas estavam sendo negligenciadas na distribuição diária de alimento.

Por isso, os Doze convocaram uma reunião com todos os discípulos e disseram: “Nós, apóstolos, devemos nos dedicar ao ensino da palavra de Deus, e não à distribuição de alimentos. Sendo assim, irmãos, escolham sete homens respeitados, cheios do Espírito e de sabedoria, e nós os encarregaremos desse serviço. Então nós nos dedicaremos à oração e ao ensino da palavra”.

A ideia agradou a todos, e escolheram Estêvão, homem cheio de fé e do Espírito Santo, e também Filipe, Prócoro, Nicanor, Timom, Pármenas e Nicolau de Antioquia, que antes havia se convertido ao judaísmo. Esses sete foram apresentados aos apóstolos, que oraram por eles e lhes impuseram as mãos.

Assim, a mensagem de Deus continuou a se espalhar. O número de discípulos se multiplicava em Jerusalém, e muitos sacerdotes também se converteram.

+ + +

Estêvão, homem cheio de graça e poder, realizava milagres e sinais entre o povo. Um dia, porém, alguns homens da chamada Sinagoga dos Escravos Libertos começaram a discutir com ele. Eram judeus de Cirene, de Alexandria, da Cilícia e da província da Ásia. Nenhum deles era capaz de resistir à sabedoria e ao Espírito pelo qual Estêvão falava.

Então convenceram alguns homens a mentir a respeito dele, dizendo: “Ouvimos Estêvão blasfemar contra Moisés, e até contra Deus”. Com isso, agitaram o povo, os líderes religiosos e os mestres da lei, e Estêvão foi preso e levado ao conselho dos líderes do povo.

As falsas testemunhas declararam: “Este homem vive falando contra o santo templo e a lei de Moisés. Nós o ouvimos dizer que esse Jesus de Nazaré destruirá o templo e mudará os costumes que Moisés nos deixou”.

Nesse momento, todos os membros do conselho olharam para Estêvão e viram que seu rosto parecia o rosto de um anjo.

Então o sumo sacerdote lhe perguntou: "Estas acusações são verdadeiras?".

Estêvão respondeu: "Irmãos e pais, ouçam-me! O Deus glorioso apareceu a nosso antepassado Abraão na Mesopotâmia, antes de ele se estabelecer em Harã, e lhe disse: 'Deixe sua terra natal e seus parentes e vá para a terra que eu lhe mostrarei'. Então Abraão saiu da terra dos caldeus e morou em Harã até seu pai morrer. Depois, Deus o trouxe aqui para a terra onde vocês agora vivem.

"Mas Deus não lhe deu herança alguma aqui, nem mesmo o espaço de um pé. Contudo, prometeu que a terra toda pertenceria a Abraão e a seus descendentes, embora ele ainda não tivesse filhos. Disse-lhe também que seus descendentes viveriam numa terra estrangeira, onde seriam escravizados e oprimidos por quatrocentos anos. Mas Deus disse: 'Eu castigarei a nação que os escravizar, e, por fim, sairão dali e me adorarão neste lugar'.

"Naquele tempo, Deus deu a Abraão a aliança da circuncisão. Assim, quando seu filho Isaque nasceu, ele o circuncidou no oitavo dia. Essa prática continuou quando nasceu Jacó, filho de Isaque, e quando nasceram os doze filhos de Jacó, os patriarcas de Israel.

"Os patriarcas tiveram inveja de seu irmão José e o venderam como escravo para o Egito. Mas Deus estava com ele e o livrou de todas as suas dificuldades. Deus concedeu a José favor e sabedoria diante do faraó, rei do Egito, e o faraó o nomeou governador de todo o Egito e administrador de seu palácio.

"Então veio uma fome sobre o Egito e sobre Canaã. Houve grande aflição, e nossos antepassados ficaram sem comida. Jacó soube que ainda havia cereal no Egito e enviou seus filhos, nossos antepassados, para comprarem alimento. Da segunda vez que foram, José revelou sua identidade a seus irmãos e os apresentou ao faraó. Depois, José mandou trazer para o Egito seu pai, Jacó, e todos os seus parentes, 75 pessoas ao todo. Assim, Jacó foi para o Egito e ali morreu, bem como nossos antepassados. Seus corpos foram levados para Siquém e sepultados no túmulo que Abraão havia comprado por um certo preço dos filhos de Hamor.

"Aproximando-se o tempo em que Deus cumpriria sua promessa a Abraão, nosso povo se multiplicou grandemente no Egito. Então subiu ao trono do Egito um novo rei, que nada sabia a respeito de José. Esse rei explorou e oprimiu nosso povo, forçando os pais a abandonarem seus filhos recém-nascidos, para que morressem.

"Por essa época, nasceu Moisés, um bebê especial aos olhos de Deus. Seus pais cuidaram dele em casa por três meses. Quando tiveram de abandoná-lo, a filha do faraó o adotou e o criou como seu próprio filho. Moisés foi educado em toda a sabedoria dos egípcios e era poderoso em palavras e ações.

"Certo dia, estando Moisés com quarenta anos, resolveu visitar seus parentes, o povo de Israel. Ao ver um egípcio maltratando um israelita, defendeu o israelita e o vingou, matando o egípcio. Imaginou que seus irmãos israelitas entenderiam que ele havia sido enviado por Deus para resgatá-los, mas isso não aconteceu.

"No dia seguinte, visitou-os novamente e viu dois homens de Israel brigando. Tentando agir como pacificador, disse a eles: 'Homens, vocês são irmãos; por que brigam um com o outro?'.

"Mas o homem que era culpado empurrou Moisés e disse: 'Quem o nomeou líder e juiz sobre nós? Vai me matar como matou o egípcio ontem?'. Quando Moisés ouviu isso, fugiu e foi viver como estrangeiro na terra de Midiã. Ali nasceram seus dois filhos.

"Quarenta anos depois, no deserto próximo ao monte Sinai, um anjo apareceu a Moisés nas chamas de um arbusto que queimava. Quando Moisés viu aquilo, ficou admirado. Aproximando-se para observar melhor, ouviu a voz do Senhor, que disse: 'Eu sou o Deus de seus antepassados, o Deus de Abraão, de Isaque e de Jacó'. Moisés tremia de medo e não tinha coragem de olhar.

"Então o Senhor lhe disse: 'Tire as sandálias, pois você está pisando em terra santa. Por certo, tenho visto a aflição do meu povo no Egito. Tenho ouvido seus gemidos e desci para libertá-los. Agora vá, pois eu o envio de volta ao Egito'.

"Era esse o mesmo Moisés que o povo havia rejeitado quando lhe perguntaram: 'Quem o nomeou líder e juiz?'. Por meio do anjo que apareceu a Moisés no arbusto em chamas, Deus o enviou para ser líder e libertador. Assim, com muitas maravilhas e sinais, ele os conduziu para fora do Egito, pelo mar Vermelho e pelo deserto, durante quarenta anos.

"Esse mesmo Moisés disse ao povo de Israel: 'Deus levantará para vocês um profeta como eu do meio de seu povo'. Moisés estava com nossos antepassados, a congregação do povo de Deus no deserto, quando o anjo lhe falou no monte Sinai, e ali Moisés recebeu palavras que dão vida, para transmiti-las a nós.

"Mas nossos antepassados se recusaram a obedecer a Moisés. Eles o rejeitaram e, em seu íntimo, voltaram ao Egito. Disseram a Arão: 'Faça para nós deuses que nos guiem, pois não sabemos o que aconteceu com esse Moisés que nos tirou do Egito'. Logo, fizeram um ídolo em forma de bezerro, ofereceram-lhe sacrifícios e começaram a celebrar o objeto que haviam criado. Então Deus se afastou deles e os entregou para servirem as estrelas do céu como deuses, conforme está escrito no livro dos profetas:

'Foi a mim que vocês trouxeram sacrifícios e ofertas
durante aqueles quarenta anos no deserto, povo de Israel?
Não, vocês carregaram o santuário de Moloque,
a estrela de seu deus Renfã,
e as imagens que fizeram para adorá-los.
Por isso eu os enviarei para o exílio,
para além da Babilônia'.

"Nossos antepassados levaram com eles pelo deserto o tabernáculo, construído de acordo com o modelo que Deus havia mostrado a Moisés. Anos depois, quando Josué comandou nossos antepassados nas batalhas contra as nações que Deus expulsou desta terra, foi levado com eles para seu novo território e ali ficou até o tempo do rei Davi.

"Davi encontrou favor diante de Deus e pediu para construir um templo permanente para o Deus de Jacó, mas foi Salomão quem o construiu. O Altíssimo, porém, não habita em templos feitos por mãos humanas. Como diz o profeta:

'O céu é meu trono,
e a terra é o suporte de meus pés.
Acaso construiriam para mim um templo assim tão bom?',
diz o Senhor.
'Que lugar de descanso me poderiam fazer?
Acaso não foram minhas mãos
que criaram o céu e a terra?'.

"Povo teimoso! Vocês têm o coração incircuncidado e são surdos para a verdade. Resistirão para sempre ao Espírito Santo? Foi o que seus antepassados fizeram, e vocês também o fazem! Que profeta seus antepassados não perseguiram? Mataram até aqueles que predisseram a vinda do Justo, a quem vocês traíram e assassinaram! Vocês desobedeceram à lei de Deus, embora a tenham recebido das mãos de anjos".

Os líderes judeus se enfureceram com a acusação de Estêvão e rangiam os dentes contra ele. Mas Estêvão, cheio do Espírito Santo, olhou firmemente para o céu e viu a glória de Deus, e viu Jesus em pé no lugar de honra, à direita de Deus. "Olhem!", disse ele. "Vejo os céus abertos e o Filho do Homem em pé no lugar de honra, à direita de Deus!"

Eles taparam os ouvidos e, aos gritos, lançaram-se contra ele. Arrastaram-no para fora da cidade e começaram a apedrejá-lo. Seus acusadores tiraram os mantos e os deixaram aos pés de um jovem chamado Saulo.

Enquanto atiravam as pedras, Estêvão orou: "Senhor Jesus, recebe o meu espírito". Então caiu de joelhos e gritou: "Senhor, não os culpes por este pecado!". E, com isso, adormeceu.

E Saulo concordou inteiramente com a morte de Estêvão.

Uma grande onda de perseguição começou naquele dia e varreu a igreja de Jerusalém. Todos eles, com exceção dos apóstolos, foram dispersos pelas regiões da Judeia e de Samaria. (Alguns homens devotos vieram e, com grande tristeza, sepultaram Estêvão.) Saulo, porém, procurava destruir a igreja. Ia de casa em casa, arrastava para fora homens e mulheres e os lançava na prisão.

Os que haviam sido dispersos, porém, anunciavam as boas-novas a respeito de Jesus por onde quer que fossem. Filipe foi para a cidade de Samaria e ali falou ao povo sobre o Cristo. Quando as multidões ouviram sua mensagem e viram os sinais que ele realizava, deram total atenção às suas palavras. Muitos espíritos impuros eram expulsos e, aos gritos, deixavam suas vítimas, e muitos paralíticos e aleijados eram curados. Por isso, houve grande alegria naquela cidade.

Um homem chamado Simão praticava feitiçaria ali havia anos. Ele deixava o povo de Samaria admirado, e afirmava ser alguém importante. Todos, dos mais simples aos mais importantes, se referiam a ele como "o Grande Poder de Deus". Ouviam-no com atenção, pois, durante muito tempo, ele os tinha deixado admirados com sua magia.

No entanto, quando Filipe lhes levou a mensagem sobre as boas-novas do reino de Deus e sobre o nome de Jesus Cristo, eles creram e, como resultado, muitos homens e mulheres foram batizados. O próprio Simão creu e foi batizado. Começou a seguir Filipe por toda parte, admirando-se dos sinais e milagres que ele realizava.

Quando os apóstolos em Jerusalém souberam que o povo de Samaria havia aceitado a mensagem de Deus, enviaram para lá Pedro e João. Assim que os dois chegaram, oraram para que aqueles convertidos recebessem o Espírito Santo, pois, apesar de terem sido batizados em nome do Senhor Jesus, o Espírito Santo ainda não havia descido sobre nenhum deles. Então Pedro e João impuseram as mãos sobre eles, e receberam o Espírito Santo.

Simão viu que as pessoas recebiam o Espírito quando os apóstolos impunham as mãos sobre elas. Então ofereceu-lhes dinheiro, dizendo: "Deem-me este poder também, para que, quando eu impuser as mãos sobre as pessoas, elas recebam o Espírito Santo!".

Pedro, porém, respondeu: "Que seu dinheiro seja destruído com você, por imaginar que o dom de Deus pode ser comprado! Você não tem parte nem direito neste ministério, pois seu coração não é justo diante de Deus. Arrependa-se de sua maldade e ore ao Senhor. Talvez ele perdoe esses seus maus pensamentos, pois vejo que você está cheio de amarga inveja e é prisioneiro do pecado".

Simão exclamou: "Orem ao Senhor por mim, para que essas coisas terríveis não me aconteçam!".

Depois de terem testemunhado e proclamado a palavra do Senhor em Samaria, Pedro e João voltaram a Jerusalém. Ao longo do caminho, pararam em muitas vilas samaritanas para anunciar as boas-novas.

Um anjo do Senhor disse a Filipe: "Vá para o sul, para a estrada no deserto que liga Jerusalém a Gaza". Filipe partiu e encontrou no caminho um alto oficial etíope, o eunuco responsável pelos tesouros de Candace, rainha da Etiópia. Ele tinha ido a Jerusalém para participar da adoração e estava no caminho de volta. Sentado em sua carruagem, lia em voz alta o livro do profeta Isaías.

Então o Espírito disse a Filipe: "Aproxime-se e acompanhe a carruagem".

Filipe correu até a carruagem e, ouvindo que o homem lia o profeta Isaías, perguntou-lhe: "O senhor compreende o que lê?".

O homem respondeu: "Como posso entender sem que alguém me explique?". E convidou Filipe a subir na carruagem e sentar-se ao seu lado.

Era esta a passagem das Escrituras que ele estava lendo:

"Ele foi levado como ovelha para o matadouro;
como cordeiro mudo diante dos tosquiadores,
não abriu a boca.
Foi humilhado e a justiça lhe foi negada.
Quem pode falar de seus descendentes?
Pois sua vida foi tirada da terra".

O eunuco perguntou a Filipe: "Diga-me, o profeta estava falando de si mesmo ou de outro?". Então Filipe, começando com essa mesma passagem das Escrituras, anunciou-lhe as boas-novas a respeito de Jesus.

Prosseguindo, chegaram a um lugar onde havia água. Então o eunuco disse: "Veja, aqui tem água! O que me impede de ser batizado?". Filipe disse: "Nada o impede, se você crê de todo o coração". O eunuco respondeu: "Creio que Jesus Cristo é o Filho de Deus". Então mandou parar a carruagem, os dois desceram até a água e Filipe o batizou.

Quando saíram da água, o Espírito do Senhor tomou Filipe e o levou. O eunuco não tornou a vê-lo, mas seguiu viagem cheio de alegria. Então Filipe apareceu mais ao norte, na cidade de Azoto. Anunciou as boas-novas ali e em todas as cidades ao longo do caminho, até chegar a Cesareia.

Enquanto isso, Saulo, motivado pela ânsia de matar os discípulos do Senhor, procurou o sumo sacerdote. Pediu cartas para as sinagogas em Damasco, solicitando que cooperassem com a prisão de todos os seguidores do Caminho, homens e mulheres, que ali encontrasse, para levá-los como prisioneiros a Jerusalém.

Quando se aproximava de Damasco, de repente uma luz do céu brilhou ao seu redor. Ele caiu no chão e ouviu uma voz lhe dizer: "Saulo, Saulo, por que você me persegue?".

"Quem és tu, Senhor?", perguntou Saulo.

E a voz respondeu: "Sou Jesus, a quem você persegue! Agora levante-se e entre na cidade, onde lhe dirão o que fazer".

Os homens que estavam com Saulo ficaram calados de espanto, pois ouviam uma voz, mas não viam ninguém. Saulo levantou-se do chão, mas, ao abrir os olhos, estava cego. Então o conduziram pela mão até Damasco. Lá ele permaneceu, cego, por três dias, e não comeu nem bebeu coisa alguma.

Havia em Damasco um discípulo chamado Ananias. O Senhor o chamou numa visão: "Ananias!".

"Sim, Senhor!", respondeu ele.

O Senhor disse: "Vá à rua Direita, à casa de Judas. Ao chegar, pergunte por um homem de Tarso chamado Saulo. Ele está orando neste momento. Mostrei-lhe numa visão um homem chamado Ananias chegando e impondo as mãos sobre ele para que voltasse a enxergar".

Ananias, porém, respondeu: "Senhor, ouvi muita gente falar das coisas horríveis que esse homem vem fazendo ao teu povo santo em Jerusalém. E ele tem autorização dos principais sacerdotes para prender todos que invocam o teu nome!".

O Senhor, no entanto, disse: "Vá, pois Saulo é o instrumento que escolhi para levar minha mensagem aos gentios e aos reis, bem como ao povo de Israel. E eu mostrarei a ele quanto deve sofrer por meu nome".

Ananias foi e encontrou Saulo. Ao impor as mãos sobre ele, disse: "Irmão Saulo, o Senhor Jesus, que lhe apareceu no caminho para cá, me enviou para que você volte a enxergar e fique cheio do Espírito Santo". No mesmo instante, algo semelhante a escamas caiu dos olhos de Saulo, e sua visão foi restaurada. Então ele se levantou, foi batizado e, depois de comer, recuperou as forças.

Saulo permaneceu alguns dias em Damasco, com os discípulos. Logo, começou a falar de Jesus nas sinagogas, dizendo: "Ele é o Filho de Deus!".

Todos que o ouviam ficavam admirados. "Não é esse o homem que causou tanta destruição entre os que invocavam o nome de Jesus em Jerusalém?", perguntavam. "E não veio aqui para levá-los como prisioneiros aos principais sacerdotes?"

A pregação de Saulo tornou-se cada vez mais poderosa, pois ele deixava os judeus de Damasco perplexos, provando que Jesus é o Cristo. Depois de certo tempo, alguns judeus conspiraram para matá-lo. Dia e noite, vigiavam a porta da cidade com a intenção de assassiná-lo, mas ele foi informado desse plano. Então, durante a noite, alguns de seus discípulos o baixaram pela muralha da cidade num grande cesto.

Quando Saulo chegou a Jerusalém, tentou se encontrar com os discípulos, mas todos estavam com medo dele, pois não acreditavam que ele tivesse de fato se tornado discípulo. Então Barnabé o levou aos apóstolos e lhes contou como Saulo tinha visto o Senhor no caminho para Damasco e como ele lhe havia falado. Contou também que, em Damasco, Saulo havia pregado corajosamente em nome de Jesus.

Saulo permaneceu com os apóstolos e andava com eles por Jerusalém, pregando corajosamente em nome do Senhor. Também conversava e discutia com alguns judeus de fala grega, mas estes procuravam matá-lo. Quando os irmãos souberam disso, levaram Saulo a Cesareia e de lá o enviaram a Tarso.

A igreja tinha paz em toda a Judeia, Galileia e Samaria e ia se fortalecendo à medida que andava no temor do Senhor. E, encorajada pelo Espírito Santo, crescia em número.

+ + +

Pedro viajava por toda parte, e foi visitar o povo santo que vivia na cidade de Lida. Ali encontrou um paralítico chamado Eneias, que permanecia de cama havia oito anos. Pedro lhe disse: "Eneias, Jesus Cristo cura você! Levante-se e arrume sua maca!". E, no mesmo instante, ele se levantou. Todos os moradores de Lida e de Sarona viram Eneias e se converteram ao Senhor.

Havia em Jope uma discípula chamada Tabita (que em grego é Dorcas). Sempre fazia o bem às pessoas e ajudava os pobres. Por esse tempo, ficou doente e morreu. Seu corpo foi lavado para o sepultamento e colocado numa sala no andar superior. Quando os discípulos souberam que Pedro estava perto de Lida, enviaram dois homens para lhe suplicar: "Por favor, venha o mais rápido possível!".

Então Pedro voltou com eles e, assim que chegou, foi levado para a sala do andar superior. O cômodo estava cheio de viúvas que choravam e lhe mostravam os vestidos e outras roupas que Dorcas havia feito para elas. Pedro pediu que todos saíssem do quarto. Então, ajoelhou-se e orou. Voltando-se para o corpo da mulher, disse: "Tabita, levante-se", e ela abriu os olhos. Quando ela viu Pedro, sentou-se. Ele lhe deu a mão e a ajudou a levantar-se. Em seguida, chamou os discípulos e as viúvas e a apresentou viva.

A notícia se espalhou por toda a cidade, e muitos creram no Senhor. Pedro ficou em Jope algum tempo, hospedado na casa de Simão, um homem que trabalhava com couro.

Morava em Cesareia um oficial do exército romano chamado Cornélio, capitão do Regimento Italiano. Era um homem devoto e temente a Deus, como era também toda a sua família. Dava aos pobres esmolas generosas e sempre orava ao Senhor. Certa tarde, por volta das três horas, teve uma visão na qual viu um anjo de Deus vir em sua direção e dizer: "Cornélio!".

Temeroso, Cornélio olhou fixamente para o anjo e perguntou: "Que é, senhor?".

E o anjo respondeu: "Suas orações e esmolas subiram até Deus, e ele as guarda na memória. Agora, envie alguns homens a Jope e mande buscar Simão, também chamado Pedro. Ele está hospedado com Simão, um homem que trabalha com couro e mora à beira do mar".

Assim que o anjo foi embora, Cornélio chamou dois servos de sua casa e um soldado devoto de seu grupo de auxiliares. Ele lhes contou o que havia acontecido e os enviou a Jope.

No dia seguinte, quando os mensageiros de Cornélio se aproximavam da cidade, Pedro subiu ao terraço para orar. Era cerca de meio-dia, e ele estava com fome. Enquanto a refeição era preparada, entrou num êxtase. Viu o céu aberto e algo semelhante a um grande lençol ser baixado por suas quatro pontas. No lençol havia toda espécie de animais, répteis e aves. Então uma voz lhe disse: "Levante-se, Pedro; mate e coma".

"De modo nenhum, Senhor!", respondeu Pedro. "Jamais comi coisa alguma que fosse considerada impura e imprópria."

Mas a voz falou novamente: "Não chame de impuro o que Deus purificou". A mesma visão se repetiu três vezes. Então, subitamente, o lençol foi recolhido ao céu.

Pedro ficou perplexo, pensando em qual seria o significado da visão. Nesse momento, os homens que Cornélio tinha enviado encontraram a casa de Simão. Eles se aproximaram do portão e perguntaram se estava hospedado ali Simão, também chamado Pedro.

Enquanto Pedro ainda refletia sobre a visão, o Espírito lhe disse: "Três homens vieram procurá-lo. Levante-se, desça e vá encontrar-se com eles. Não hesite em acompanhá-los, pois eu os enviei".

Pedro desceu e disse aos homens: "Eu sou quem vocês procuram. Por que vieram?".

Eles responderam: "Cornélio, um oficial romano, nos enviou. Ele é um homem devoto e temente a Deus, respeitado por todos os judeus. Um santo anjo o instruiu a chamar o senhor à casa dele para que ele ouça sua mensagem". Então Pedro convidou os homens para se hospedarem ali aquela noite. No dia seguinte, foi com eles, acompanhado de alguns irmãos de Jope.

Chegaram a Cesareia no dia seguinte. Cornélio os esperava e havia reunido seus parentes e amigos íntimos. Quando Pedro chegou à casa, Cornélio veio ao seu encontro e prostrou-se diante dele, adorando-o. Mas Pedro o levantou e disse: "Fique de pé! Eu sou apenas um homem como você". Os dois conversaram e depois entraram na casa, onde muitos outros estavam reunidos.

Pedro lhes disse: "Vocês sabem que nossas leis proíbem que um judeu entre num lar gentio como este ou se associe com os gentios. No entanto, Deus me mostrou que não devo mais considerar ninguém impuro ou impróprio. Por isso, vim assim que fui chamado, sem levantar objeções. Agora digam por que vocês mandaram me buscar".

Cornélio respondeu: "Quatro dias atrás, eu estava orando em casa por volta deste mesmo horário, às três da tarde. De repente, um homem vestido com roupas resplandecentes apareceu diante de mim. Ele me disse: 'Cornélio, Deus ouviu sua oração e se lembrou de suas esmolas. Agora, envie mensageiros a Jope e mande buscar Simão, também chamado Pedro. Ele está hospedado na casa de Simão, um homem que trabalha com couro e mora à beira do mar'. Assim, mandei buscá-lo de imediato, e foi bom que tenha vindo. Agora estamos todos aqui, esperando diante de Deus para ouvir a mensagem que o Senhor mandou que você nos trouxesse".

Então Pedro respondeu: "Vejo claramente que Deus não mostra nenhum favoritismo. Em todas as nações ele aceita aqueles que o temem e fazem o que é certo. Esta é a mensagem de boas-novas para o povo de Israel: Há paz com Deus por meio de Jesus Cristo, que é Senhor de todos. Vocês sabem o que aconteceu em toda a Judeia, começando na Galileia, depois do batismo que João proclamou. Sabem também que Deus ungiu Jesus de Nazaré com o Espírito Santo e com poder. Então Jesus foi por toda parte fazendo o bem e curando todos os oprimidos pelo diabo, porque Deus estava com ele.

"E nós somos testemunhas de tudo que ele fez em toda a Judeia e em Jerusalém, onde o mataram. Penduraram-no numa cruz, mas Deus o ressuscitou no terceiro dia e permitiu que ele fosse visto, não por todo o povo, mas por nós que fomos escolhidos por Deus de antemão para sermos suas testemunhas. Nós fomos os que comemos e bebemos com ele depois que ele ressuscitou dos mortos. E ele nos mandou anunciar sua mensagem em toda parte e testemunhar que Deus o designou juiz dos vivos e dos mortos. É a respeito dele que todos os profetas dão testemunho, dizendo que todo o que nele crer receberá o perdão de seus pecados por meio de seu nome".

Enquanto Pedro ainda falava, o Espírito Santo desceu sobre todos que ouviam a mensagem. Os discípulos judeus que acompanhavam Pedro ficaram admirados de que o dom do Espírito Santo também fosse derramado sobre os gentios, pois os ouviram falar em outras línguas e louvar a Deus.

Pedro perguntou: "Pode alguém se opor a que eles sejam batizados agora que, como nós, também receberam o Espírito Santo?". Então ordenou que fossem batizados em nome de Jesus Cristo. Depois, pediram que Pedro ficasse com eles alguns dias.

Logo chegou aos apóstolos e a outros irmãos da Judeia a notícia de que os gentios haviam recebido a palavra de Deus. Mas, quando Pedro voltou a Jerusalém, os discípulos judeus o criticaram, dizendo: "Você entrou na casa de gentios e até comeu com eles!".

Então Pedro lhes contou exatamente o que havia acontecido. Disse: "Eu estava na cidade de Jope e, enquanto orava, num êxtase, tive uma visão. Algo semelhante a um lençol grande foi baixado do céu, preso pelas quatro pontas, vindo até onde eu estava. Quando olhei dentro do lençol, vi toda espécie de animais domésticos e selvagens, répteis e aves. E ouvi uma voz dizer: 'Levante-se, Pedro; mate e coma'.

"Eu respondi: 'De modo nenhum, Senhor! Jamais comi coisa alguma que fosse considerada impura ou imprópria'.

"Mas a voz do céu falou novamente: 'Não chame de impuro o que Deus purificou'. Isso aconteceu três vezes, antes que o lençol, com tudo que ele continha, fosse recolhido ao céu.

"Nesse momento, três homens que haviam sido enviados de Cesareia chegaram à casa onde eu estava hospedado. O Espírito me disse que eu fosse com eles, sem nada questionar. Esses seis irmãos me acompanharam, e logo entramos na casa do homem que havia mandado nos buscar. Ele nos contou como um anjo havia aparecido em sua casa e dito: 'Envie mensageiros a Jope e mande buscar Simão, também chamado Pedro. Ele lhe dirá como você e toda a sua casa podem ser salvos'.

"Quando comecei a falar, o Espírito Santo desceu sobre eles, como ocorreu conosco, no princípio. Então me lembrei das palavras do Senhor, quando ele disse: 'João batizou com água, mas vocês serão batizados com o Espírito Santo'. E, uma vez que Deus deu a esses gentios a mesma dádiva que concedeu a nós quando cremos no Senhor Jesus Cristo, quem era eu para me opor a Deus?".

Ao ouvirem isso, pararam de levantar objeções e começaram a louvar a Deus, dizendo: "Vemos que Deus deu aos gentios o mesmo privilégio de se arrepender e receber a vida eterna!".

Enquanto isso, os discípulos que haviam sido dispersos na perseguição depois da morte de Estêvão chegaram até a Fenícia, Chipre e Antioquia da Síria. Pregaram a palavra, mas somente aos judeus. Contudo, alguns dos discípulos que foram de Chipre e Cirene até Antioquia começaram a anunciar aos gentios as boas-novas a respeito do Senhor Jesus. A mão do Senhor estava com eles, e muitos desses gentios creram e se converteram ao Senhor.

Quando a igreja de Jerusalém soube do que havia acontecido, enviou Barnabé a Antioquia. Ao chegar ali e ver essa demonstração da graça de Deus, alegrou-se muito e incentivou os irmãos a permanecerem fiéis ao Senhor. Barnabé era um homem bom, cheio do Espírito Santo e de fé. E uma grande multidão se converteu ao Senhor.

Então Barnabé foi a Tarso procurar Saulo. Quando o encontrou, levou-o para Antioquia. Ali permaneceram com a igreja um ano inteiro, ensinando a muitas pessoas. Foi em Antioquia que os discípulos foram chamados de cristãos pela primeira vez.

Durante esse tempo, alguns profetas viajaram de Jerusalém a Antioquia. Um deles, chamado Ágabo, pôs-se em pé numa das reuniões e predisse, pelo Espírito, que uma grande fome viria sobre todo o mundo romano. (Isso se cumpriu durante o reinado de Cláudio.) Então os discípulos de Antioquia decidiram enviar uma ajuda aos irmãos na Judeia, cada um de acordo com suas possibilidades. Foi o que fizeram, enviando as doações aos presbíteros por meio de Barnabé e Saulo.

Por essa época, o rei Herodes Agripa começou a perseguir violentamente algumas pessoas da igreja. Mandou matar à espada Tiago, irmão de João. Quando Herodes viu quanto isso agradava os judeus, também prendeu Pedro durante a celebração da Festa dos Pães sem Fermento. Depois, lançou-o na cadeia, sob a guarda de quatro escoltas, cada uma com quatro soldados. A intenção de Herodes era apresentar Pedro aos judeus para julgamento público depois da Páscoa. Enquanto Pedro estava no cárcere, a igreja orava fervorosamente a Deus por ele.

Na noite antes de Pedro ser levado a julgamento, ele dormia, preso com duas correntes entre dois soldados, e outros montavam guarda na porta da prisão. De repente, uma luz intensa brilhou na cela, e um anjo do Senhor apareceu. Tocou no lado de Pedro para acordá-lo e disse: “Depressa! Levante-se!”, e as correntes caíram dos pulsos de Pedro. Então o anjo lhe disse: “Vista-se e calce as sandálias”, e Pedro obedeceu. “Agora vista a capa e siga-me”, ordenou o anjo.

Pedro deixou a cela, seguindo o anjo. O tempo todo, porém, pensava que era uma visão, sem entender que era real o que ocorria. Passaram o primeiro e o segundo postos de guarda e, quando chegaram ao portão de ferro que dava para a cidade, o portão se abriu sozinho para eles. Os dois passaram e foram caminhando ao longo da rua até que, subitamente, o anjo o deixou.

Por fim, Pedro caiu em si. "É verdade mesmo!", disse ele. "O Senhor enviou seu anjo para me salvar daquilo que Herodes e os judeus planejavam me fazer!"

Quando Pedro se deu conta disso, foi à casa de Maria, mãe de João Marcos, onde muitos estavam reunidos para orar. Ele bateu à porta da frente, e uma serva chamada Rode foi atender. Ao reconhecer a voz de Pedro, ficou tão contente que, em vez de abrir a porta, correu de volta para dentro dizendo a todos: "Pedro está à porta!".

Eles, porém, disseram: "Você está fora de si!". Diante da insistência dela, concluíram: "Deve ser o anjo dele".

Enquanto isso, Pedro continuava a bater. Quando, por fim, abriram a porta e o viram, ficaram admirados. Ele fez um sinal para se acalmarem e lhes contou como o Senhor o havia tirado da prisão. "Contem a Tiago e aos outros irmãos o que aconteceu", disse ele. Então foi para outro lugar.

Ao amanhecer, houve grande alvoroço entre os soldados a respeito do que tinha acontecido a Pedro. Herodes ordenou que fosse feita uma busca completa por ele. Não conseguindo encontrá-lo, interrogou os guardas e mandou executá-los.

Depois disso, Herodes partiu da Judeia e foi passar algum tempo em Cesareia.

O rei Herodes estava muito irado com o povo de Tiro e Sidom. Assim, as duas cidades se uniram na tentativa de se reconciliar com o rei, pois dependiam de suas terras para obter alimento. Então, tendo conquistado o apoio de Blasto, assistente pessoal do rei, conseguiram uma audiência. No dia marcado, Herodes, vestindo seus trajes reais, sentou-se em seu trono e fez um discurso para eles. O povo o ovacionava, gritando: "É a voz de um deus, e não de um homem!".

No mesmo instante, um anjo do Senhor feriu Herodes com uma enfermidade, pois ele não ofereceu a glória a Deus. Foi comido por vermes e morreu.

Enquanto isso, a palavra de Deus continuava a se espalhar, e havia muitos novos convertidos.

+ + +

Quando Barnabé e Saulo terminaram sua missão em Jerusalém, voltaram levando consigo João Marcos.

Entre os profetas e mestres da igreja de Antioquia da Síria estavam Barnabé e Simeão, chamado Negro, Lúcio de Cirene, Manaém, que tinha sido criado com o rei Herodes Antipas, e Saulo. Certo dia, enquanto adoravam o Senhor e jejuavam, o Espírito Santo disse: "Separem Barnabé e Saulo para realizarem o trabalho para o qual os chamei". Então, depois de mais jejuns e orações, impuseram as mãos sobre eles e os enviaram em sua missão.

Enviados pelo Espírito Santo, eles desceram ao porto de Selêucia, de onde navegaram para a ilha de Chipre. Ali, na cidade de Salamina, foram às sinagogas judaicas e pregaram a palavra de Deus. João Marcos os acompanhava como assistente.

Viajaram por toda a ilha até que, por fim, chegaram a Pafos, onde encontraram um feiticeiro judeu, um falso profeta chamado Barjesus. Ele acompanhava o governador Sérgio Paulo, um homem inteligente que convidou Barnabé e Saulo para visitá-lo, pois desejava ouvir a palavra de Deus. Mas Elimas, o feiticeiro (esse é o significado de seu nome), opôs-se a eles, na tentativa de impedir que o governador viesse a crer.

Cheio do Espírito Santo, Saulo, também conhecido como Paulo, encarou Elimas nos olhos e disse: "Filho do diabo, cheio de toda espécie de engano e maldade e inimigo de tudo que é certo! Quando deixará de distorcer os caminhos retos do Senhor? Preste atenção, pois o Senhor colocou a mão sobre você para castigá-lo, e você ficará cego, sem conseguir ver a luz do sol por algum tempo". No mesmo instante, neblina e escuridão cobriram-lhe os olhos e ele começou a tatear, suplicando que alguém o tomasse pela mão e o guiasse.

Quando o governador viu o que havia acontecido, creu, muito admirado com o ensino a respeito do Senhor.

Paulo e seus companheiros saíram de Pafos num navio e foram à Panfília, onde aportaram em Perge. Ali, João Marcos os deixou e voltou para Jerusalém. Paulo e Barnabé prosseguiram para o interior, até Antioquia da Pisídia.

No sábado, foram à sinagoga. Depois da leitura dos livros da lei e dos profetas, os chefes da sinagoga lhes mandaram um recado: "Irmãos, se vocês têm uma palavra de encorajamento para o povo, podem falar".

Então Paulo ficou em pé, levantou a mão para pedir silêncio e começou a falar: "Homens de Israel e gentios tementes a Deus, ouçam-me!

"O Deus desta nação de Israel escolheu nossos antepassados e fez que se multiplicassem e se fortalecessem durante o tempo em que ficaram no Egito. Então, com braço poderoso, ele os tirou da escravidão. Ele suportou seu comportamento durante os quarenta anos em que andaram sem rumo pelo deserto. Destruiu sete nações em Canaã e deu seu território a Israel como herança. Tudo isso levou cerca de quatrocentos e cinquenta anos.

"Depois, Deus lhes deu juízes para governá-los até o tempo do profeta Samuel. Então o povo pediu um rei, e ele lhes deu Saul, filho de Quis, homem da tribo de Benjamim, e ele reinou por quarenta anos. Mas Deus removeu Saul e colocou em seu lugar Davi, a respeito de quem Deus disse: 'Davi, filho de Jessé, é um homem segundo o meu coração; fará tudo que for da minha vontade'.

"E Jesus, um dos descendentes de Davi, é o salvador que Deus concedeu a Israel, conforme sua promessa! Antes da vinda de Jesus, João Batista anunciou que todo o povo de Israel precisava se arrepender e ser batizado. Quando João estava concluindo seu trabalho, perguntou: 'Vocês pensam que eu sou o Cristo? Não sou! Mas ele vem em breve, e não sou digno sequer de desamarrar as correias de suas sandálias'.

"Irmãos, vocês que são filhos de Abraão e também vocês gentios tementes a Deus, esta mensagem de salvação foi enviada a nós. O povo de Jerusalém e seus líderes não reconheceram que Jesus era aquele a respeito de quem os profetas haviam falado. Em vez disso, eles o condenaram e, ao fazê-lo, cumpriram as palavras dos profetas, que são lidas todos os sábados. Não encontraram motivo legal para executá-lo, mas, ainda assim, pediram a Pilatos que o matasse.

"Depois de cumprirem tudo que as profecias diziam a respeito dele, eles o tiraram da cruz e o colocaram num túmulo, mas Deus o ressuscitou dos mortos. E, por muitos dias, ele apareceu àqueles que o tinham acompanhado da Galileia para Jerusalém. Agora eles são suas testemunhas diante do povo.

"Estamos aqui para trazer a vocês esta boa-nova. A promessa foi feita a nossos antepassados, e agora Deus a cumpriu para nós, os descendentes deles, ao ressuscitar Jesus. É isto que o segundo salmo diz a respeito dele:

'Você é meu Filho;
hoje eu o gerei'.

Pois Deus havia prometido ressuscitá-lo dos mortos, para que jamais apodrecesse no túmulo. Ele disse: 'Eu lhes darei as bênçãos sagradas que prometi a Davi'. Em outro salmo, ele explicou de modo mais direto: 'Não permitirás que o teu Santo apodreça no túmulo'. Não se trata de uma referência a Davi, porque, depois que Davi fez a vontade de Deus em sua geração, morreu e foi sepultado com seus antepassados, e seu corpo apodreceu. É uma referência a outra pessoa, a alguém a quem Deus ressuscitou e cujo corpo não apodreceu.

"Ouçam, irmãos! Estamos aqui para proclamar que, por meio de Jesus, há perdão para os pecados. Todo o que nele crê é declarado justo diante de

Deus, algo que a lei de Moisés jamais pôde fazer. Por isso, tomem cuidado para que não se apliquem a vocês as palavras dos profetas:

'Olhem, zombadores;
fiquem admirados e morram!
Pois faço algo em seus dias,
algo em que vocês não acreditariam
mesmo que lhes contassem'".

Quando Paulo e Barnabé estavam saindo da sinagoga, o povo pediu que voltassem a falar dessas coisas na semana seguinte. Muitos judeus e gentios devotos convertidos ao judaísmo seguiram Paulo e Barnabé, que insistiam com eles para que continuassem a confiar na graça de Deus.

No sábado seguinte, quase toda a cidade compareceu para ouvir a palavra do Senhor. Quando alguns dos judeus viram as multidões, ficaram com inveja, de modo que difamaram Paulo e contestavam tudo que ele dizia.

Então Paulo e Barnabé se pronunciaram corajosamente, dizendo: "Era necessário que pregássemos a palavra de Deus primeiro a vocês, judeus. Mas, uma vez que vocês a rejeitaram e não se consideraram dignos da vida eterna, agora vamos oferecê-la aos gentios. Pois foi isso que o Senhor nos ordenou quando disse:

'Fiz de você uma luz para os gentios,
para levar a salvação até os lugares mais distantes da terra'".

Quando ouviram isso, os gentios se alegraram e agradeceram ao Senhor por essa mensagem, e todos que haviam sido escolhidos para a vida eterna creram. Assim, a palavra do Senhor se espalhou por toda aquela região.

Então os judeus, instigando as mulheres religiosas influentes e as autoridades da cidade, provocaram uma multidão contra Paulo e Barnabé e os expulsaram dali. Eles, porém, sacudiram o pó dos pés em sinal de reprovação e foram à cidade de Icônio. E os discípulos estavam cheios de alegria e do Espírito Santo.

Em Icônio, Paulo e Barnabé também foram à sinagoga judaica e falaram de tal modo que muitos creram, tanto judeus como gentios. Alguns dos judeus que não creram, porém, incitaram os gentios e envenenaram a mente deles contra Paulo e Barnabé. Ainda assim, os apóstolos passaram bastante tempo ali, falando corajosamente da graça do Senhor, que confirmava a mensagem deles concedendo-lhes poder para realizar sinais e maravilhas. Com isso, o povo da cidade ficou dividido: alguns tomaram partido dos judeus, e outros, dos apóstolos.

Então um grupo de gentios, judeus e seus líderes resolveu atacá-los e apedrejá-los. Quando os apóstolos souberam disso, fugiram para a região da Licaônia, para as cidades de Listra e Derbe e seus arredores. E ali anunciaram as boas-novas.

Enquanto estavam em Listra, Paulo e Barnabé encontraram um homem com os pés aleijados. Sofria desse problema desde o nascimento e, portanto, nunca tinha andado. Estava sentado e ouvia Paulo pregar. Paulo olhou diretamente para ele e, vendo que ele tinha fé para ser curado, disse em alta voz: "Levante-se!". O homem se levantou de um salto e começou a andar.

A multidão, vendo o que Paulo havia feito, gritou no dialeto local: "Os deuses vieram até nós em forma de homens!". Concluíram que Barnabé era o deus grego Zeus, e Paulo, o deus Hermes, pois era ele quem proclamava a mensagem. O sacerdote do templo de Zeus, que ficava na entrada da cidade, trouxe touros e coroas de flores até as portas da cidade, pois ele e a multidão queriam oferecer sacrifícios aos apóstolos.

Quando Barnabé e Paulo ouviram o que estava acontecendo, rasgaram as roupas e correram para o meio do povo, gritando: "Amigos, por que vocês estão fazendo isso? Somos homens como vocês! Viemos lhes anunciar as boas-novas, para que abandonem estas coisas sem valor e se voltem para o Deus vivo, que fez os céus e a terra, o mar e tudo que neles há. No passado, ele permitiu que as nações seguissem seus próprios caminhos, mas nunca as deixou sem evidências de sua existência e de sua bondade. Ele lhes concede chuvas e boas colheitas, e também alimento e um coração alegre". Apesar dessas palavras, Paulo e Barnabé tiveram dificuldade para impedir que o povo lhes oferecesse sacrifícios.

Então alguns judeus chegaram de Antioquia e Icônio e instigaram a multidão. Apedrejaram Paulo e o arrastaram para fora da cidade, pensando que ele estivesse morto. No entanto, quando os discípulos o rodearam, ele se levantou e entrou novamente na cidade.

No dia seguinte, partiu com Barnabé para Derbe.

Depois de terem anunciado as boas-novas em Derbe e feito muitos discípulos, Paulo e Barnabé voltaram a Listra, Icônio e Antioquia da Pisídia, onde fortaleceram os discípulos. Eles os encorajaram a permanecer na fé, lembrando-os de que é necessário passar por muitos sofrimentos até entrar no reino de Deus. Paulo e Barnabé também escolheram presbíteros em cada igreja e, com orações e jejuns, os entregaram aos cuidados do Senhor, em quem haviam crido. Então viajaram de volta pela Pisídia até a Panfília. Pregaram a palavra em Perge e desceram para Atália.

Por fim, voltaram de navio para Antioquia, onde sua viagem tinha começado e onde haviam sido entregues à graça de Deus para realizar o trabalho que agora completavam. Quando chegaram a Antioquia, reuniram a igreja e relataram tudo que Deus tinha feito por meio deles e como tinha aberto a porta da fé também para os gentios. E permaneceram ali com os discípulos por muito tempo.

Chegaram a Antioquia alguns homens da Judeia e começaram a ensinar aos irmãos: "A menos que sejam circuncidados, conforme exige a lei de Moisés, vocês não poderão ser salvos". Paulo e Barnabé discordaram deles e discutiram energicamente. Por fim, a igreja decidiu enviar Paulo e Barnabé a Jerusalém, acompanhados de alguns irmãos de Antioquia, para tratar dessa questão com os apóstolos e presbíteros. A igreja, portanto, enviou seus representantes a Jerusalém. No caminho, eles pararam na Fenícia e em Samaria para visitar os irmãos e contaram que os gentios também estavam sendo convertidos, o que muito alegrou a todos.

Quando chegaram a Jerusalém, foram bem recebidos pela igreja, pelos apóstolos e presbíteros, e relataram tudo que Deus havia feito por meio deles. Contudo, alguns dos irmãos que pertenciam à seita dos fariseus se levantaram e disseram: "É necessário que os convertidos gentios sejam circuncidados e guardem a lei de Moisés".

Os apóstolos e presbíteros se reuniram para decidir a questão. Depois de uma longa discussão, Pedro se levantou e se dirigiu a eles, dizendo: "Irmãos, vocês sabem que, há muito tempo, Deus me escolheu dentre vocês para falar aos gentios a fim de que eles pudessem ouvir as boas-novas e crer. Deus conhece o coração humano e confirmou que aceita os gentios ao lhes dar o Espírito Santo, como o deu a nós. Não fez distinção alguma entre nós e eles, pois purificou o coração deles por meio da fé. Então por que agora vocês provocam a Deus, sobrecarregando os discípulos gentios com um jugo que nem nós nem nossos antepassados conseguimos suportar? Cremos que todos, nós e eles, somos salvos da mesma forma, pela graça do Senhor Jesus".

Todos ouviram em silêncio enquanto Barnabé e Paulo lhes relatavam os sinais e maravilhas que Deus havia realizado por meio deles entre os gentios.

Quando terminaram de falar, Tiago se levantou e disse: "Irmãos, ouçam-me! Pedro lhes falou sobre como Deus visitou primeiramente os gentios para separar dentre eles um povo para si. E isso está em pleno acordo com o que disseram os profetas. Como está escrito:

'Depois disso voltarei
  e restaurarei a tenda caída de Davi.

Reconstruirei suas ruínas
e a restaurarei,
para que o restante da humanidade
busque o Senhor,
incluindo os gentios,
todos os que chamei para serem meus.
O Senhor falou,
aquele que tornou essas coisas conhecidas
desde a eternidade'.

"Portanto, considero que não devemos criar dificuldades para os gentios que se convertem a Deus. Ao contrário, devemos escrever a eles dizendo-lhes que se abstenham de alimentos oferecidos a ídolos, da imoralidade sexual, da carne de animais estrangulados e do sangue. Pois essas leis de Moisés são pregadas todos os sábados nas sinagogas judaicas em todas as cidades há muitas gerações".

Então os apóstolos e presbíteros e toda a igreja em Jerusalém escolheram representantes e os enviaram a Antioquia da Síria, com Paulo e Barnabé, para informar sobre essa decisão. Os homens escolhidos eram dois líderes entre os irmãos: Judas, também chamado Barsabás, e Silas. Esta foi a carta que levaram:

"Nós, os apóstolos e presbíteros, e seus irmãos em Jerusalém, escrevemos esta carta aos irmãos gentios em Antioquia, Síria e Cilícia. Saudações.

"Soubemos que alguns homens, que daqui saíram sem nossa autorização, têm perturbado e inquietado vocês com seu ensino. Portanto, depois de chegarmos a um consenso, resolvemos enviar-lhes alguns representantes com nossos amados irmãos Barnabé e Paulo, que têm arriscado a vida pelo nome de nosso Senhor Jesus Cristo. Estamos enviando Judas e Silas para confirmarem pessoalmente o que aqui escrevemos.

"Pois pareceu bem ao Espírito Santo e a nós não impor a vocês nenhum peso maior que estes poucos requisitos: abstenham-se de comer alimentos oferecidos a ídolos, de consumir o sangue ou a carne de animais estrangulados, e de praticar a imoralidade sexual. Farão muito bem se evitarem essas coisas.

"Que tudo lhes vá bem."

Os mensageiros partiram de imediato para Antioquia, onde reuniram os irmãos e entregaram a carta. Houve grande alegria em toda a igreja no dia em que leram essa mensagem animadora.

Então Judas e Silas, ambos profetas, encorajaram e fortaleceram os irmãos com muitas palavras. Permaneceram ali algum tempo, e depois os irmãos os enviaram em paz de volta à igreja de Jerusalém. Silas, porém, resolveu permanecer ali. Paulo e Barnabé ficaram em Antioquia. Eles e muitos outros ensinavam e pregavam a palavra do Senhor naquela cidade.

Algum tempo depois, Paulo disse a Barnabé: "Voltemos para visitar cada uma das cidades onde pregamos a palavra do Senhor, para ver como os irmãos estão indo". Barnabé queria levar João Marcos, mas Paulo se opôs, pois João Marcos tinha se separado deles na Panfília, não prosseguindo com eles no trabalho. O desentendimento entre eles foi tão grave que os dois se separaram. Barnabé levou João Marcos e navegou para Chipre. Paulo escolheu Silas e partiu, e os irmãos o entregaram ao cuidado gracioso do Senhor. Então ele viajou por toda a Síria e Cilícia, fortalecendo as igrejas de lá.

Paulo foi primeiro a Derbe e depois a Listra, onde havia um jovem discípulo chamado Timóteo. A mãe dele era uma judia convertida, e o pai era grego. Os irmãos em Listra e em Icônio o tinham em alta consideração, de modo que Paulo pediu que ele os acompanhasse em sua viagem. Em respeito aos judeus da região, providenciou que Timóteo fosse circuncidado antes de partirem, pois todos sabiam que o pai dele era grego. Em toda cidade por onde passavam, instruíam os irmãos a seguirem as decisões tomadas pelos apóstolos e presbíteros em Jerusalém.

Assim, as igrejas eram fortalecidas na fé e cresciam em número a cada dia.

+ + +

Em seguida, Paulo e Silas viajaram pela região da Frígia e da Galácia, pois o Espírito Santo os impediu de pregar a palavra na província da Ásia. Então, chegando à fronteira da Mísia, tentaram ir para o norte, em direção à Bitínia, mas o Espírito de Jesus não permitiu. Assim, seguiram viagem pela Mísia até o porto de Trôade.

Naquela noite, Paulo teve uma visão, na qual um homem da Macedônia em pé lhe suplicava: "Venha para a Macedônia e ajude-nos!". Então decidimos partir de imediato para a Macedônia, concluindo que Deus nos havia chamado para anunciar ali as boas-novas.

Embarcamos em Trôade e navegamos diretamente para a ilha de Samotrácia e, no dia seguinte, chegamos a Neápolis. Dali, alcançamos Filipos, cidade importante dessa região da Macedônia e colônia romana, e ali permanecemos vários dias.

No sábado, saímos da cidade e fomos à margem do rio, onde esperávamos encontrar um lugar de oração. Sentamo-nos e começamos a conversar com algumas mulheres ali reunidas. Uma delas era uma mulher temente a Deus chamada Lídia, da cidade de Tiatira, comerciante de tecido de púrpura. Enquanto ela nos ouvia, o Senhor lhe abriu o coração, e ela aceitou aquilo que Paulo estava dizendo. Foi batizada, junto com sua família, e pediu que nos hospedássemos em sua casa. "Se concordam que creio de fato no Senhor, venham ficar em minha casa", disse ela, e insistiu até que aceitamos.

Certo dia, enquanto íamos ao lugar de oração, veio ao nosso encontro uma escrava possuída por um espírito pelo qual ela predizia o futuro. Com suas adivinhações, ganhava muito dinheiro para seus senhores. Ela seguia Paulo e a nós, gritando: "Estes homens são servos do Deus Altíssimo e vieram anunciar como vocês podem ser salvos!".

Isso continuou por vários dias, até que Paulo, indignado, se voltou e disse ao espírito dentro da jovem: "Eu ordeno em nome de Jesus Cristo que saia dela". E, no mesmo instante, o espírito a deixou.

Quando os senhores da escrava viram que suas expectativas de lucro haviam sido frustradas, agarraram Paulo e Silas e os arrastaram à presença das autoridades, na praça do mercado. "Estes judeus estão tumultuando a cidade!", gritaram para os magistrados. "Eles ensinam costumes que nós, romanos, não podemos seguir, pois contrariam nossas leis!"

Logo, uma multidão revoltada se juntou contra Paulo e Silas, e os magistrados ordenaram que os dois fossem despidos e açoitados com varas. Depois de serem severamente açoitados, foram lançados na prisão. O carcereiro recebeu ordens para não os deixar escapar, por isso os colocou no cárcere interno, prendendo-lhes os pés no tronco.

Por volta da meia-noite, Paulo e Silas oravam e cantavam hinos a Deus, e os outros presos ouviam. De repente, houve um forte terremoto, e até os alicerces da prisão foram sacudidos. No mesmo instante, todas as portas se abriram e as correntes de todos os presos se soltaram. Quando o carcereiro acordou, viu as portas da prisão escancaradas. Imaginando que os prisioneiros haviam escapado, puxou a espada para se matar. Paulo, porém, gritou: "Não se mate! Estamos todos aqui!".

O carcereiro mandou que trouxessem luz e correu até o cárcere, onde se prostrou, tremendo de medo, diante de Paulo e Silas. Então ele os levou para fora e perguntou: "Senhores, que devo fazer para ser salvo?".

Eles responderam: "Creia no Senhor Jesus, e você e sua família serão salvos". Então pregaram a palavra do Senhor a ele e a toda a sua família. Mesmo sendo tarde da noite, o carcereiro cuidou deles e lavou suas feridas. Em seguida, ele e todos os seus foram batizados. Depois, levou-os para sua casa e lhes serviu uma refeição, e ele e toda a sua família se alegraram porque creram em Deus.

Na manhã seguinte, os magistrados mandaram os guardas ordenarem ao carcereiro: "Solte estes homens!". Então o carcereiro mandou dizer a Paulo: "Os magistrados disseram que você e Silas estão livres. Vão em paz".

Paulo, no entanto, respondeu: "Eles nos açoitaram publicamente sem julgamento e nos colocaram na prisão, e nós somos cidadãos romanos. Agora querem que vamos embora às escondidas? De maneira nenhuma! Que venham eles mesmos e nos soltem".

Os guardas relataram isso aos magistrados, que ficaram assustados por saber que Paulo e Silas eram cidadãos romanos. Foram até a prisão e lhes pediram desculpas. Então os trouxeram para fora e suplicaram que deixassem a cidade. Quando Paulo e Silas saíram da prisão, voltaram à casa de Lídia. Ali se encontraram com os irmãos e os encorajaram mais uma vez. Depois, partiram.

Então Paulo e Silas passaram pelas cidades de Anfípolis e Apolônia e chegaram a Tessalônica, onde havia uma sinagoga judaica. Como era seu costume, Paulo foi à sinagoga e, durante três sábados seguidos, discutiu as Escrituras com o povo. Explicou as profecias e provou que era necessário o Cristo sofrer e ressuscitar dos mortos. "Esse Jesus de que lhes falo é o Cristo", disse ele. Alguns dos judeus que o ouviam foram convencidos e se uniram a Paulo e Silas, bem como muitos gregos tementes a Deus e várias mulheres de alta posição.

Alguns judeus, porém, ficaram com inveja, reuniram alguns desordeiros e desocupados e, com a multidão, começaram um tumulto. Invadiram a casa de Jasom em busca de Paulo e Silas para entregá-los ao conselho da cidade, mas, como não os encontraram, arrastaram para fora Jasom e alguns outros irmãos e os levaram diante do conselho. Gritavam: "Aqueles que têm causado transtornos no mundo todo agora estão aqui, perturbando nossa cidade, e Jasom os recebeu em sua casa! São todos culpados de traição contra César, pois afirmam que existe um outro rei, um tal de Jesus".

Ao ouvir isso, o povo da cidade e o conselho se agitaram. Então os oficiais obrigaram Jasom e os outros irmãos a pagarem fiança, e depois os soltaram.

Ao anoitecer, os irmãos enviaram Paulo e Silas a Bereia. Quando lá chegaram, foram à sinagoga judaica. Os judeus que moravam em Bereia tinham a mente mais aberta que os de Tessalônica e ouviram a mensagem de Paulo com grande interesse. Todos os dias, examinavam as Escrituras para ver se

Paulo e Silas ensinavam a verdade. Como resultado, muitos judeus creram, assim como vários gregos de alta posição, tanto homens como mulheres.

Mas, quando os judeus de Tessalônica souberam que Paulo estava pregando a palavra de Deus em Bereia, foram até lá e criaram um alvoroço. Os irmãos agiram de imediato e enviaram Paulo para o litoral, enquanto Silas e Timóteo permaneceram na cidade. Os que acompanharam Paulo o levaram até Atenas e, depois, voltaram a Bereia com instruções para Silas e Timóteo irem ao encontro dele o mais depressa possível.

Enquanto Paulo esperava por eles em Atenas, ficou muito indignado ao ver ídolos por toda a cidade. Por isso, ia à sinagoga debater com os judeus e com os gentios tementes a Deus e falava diariamente na praça pública a todos que ali estavam.

Paulo também debateu com alguns dos filósofos epicureus e estoicos. Quando lhes falou de Jesus e da ressurreição, eles perguntaram: "O que esse tagarela está querendo dizer?". Outros disseram: "Parece estar falando de deuses estrangeiros".

Então levaram Paulo ao conselho da cidade e disseram: "Pode nos dizer que novo ensino é esse? Você diz coisas um tanto estranhas, e queremos saber o que significam". (Convém explicar que os atenienses, bem como os estrangeiros que viviam em Atenas, pareciam não fazer outra coisa senão discutir as últimas novidades.)

Então Paulo se levantou diante do conselho e assim se dirigiu a seus membros: "Homens de Atenas, vejo que em todos os aspectos vocês são muito religiosos, pois, enquanto andava pela cidade, reparei em seus diversos altares. Um deles trazia a seguinte inscrição: 'Ao Deus Desconhecido'. Esse Deus que vocês adoram sem conhecer é exatamente aquele de que lhes falo.

"Ele é o Deus que fez o mundo e tudo que nele há. Uma vez que é Senhor dos céus e da terra, não habita em templos feitos por homens e não é servido por mãos humanas, pois não necessita de coisa alguma. Ele mesmo dá vida e fôlego a tudo, e supre cada necessidade. De um só homem ele criou todas as nações da terra, tendo decidido de antemão onde se estabeleceriam e por quanto tempo.

"Seu propósito era que as nações buscassem a Deus e, tateando, talvez viessem a encontrá-lo, embora ele não esteja longe de nenhum de nós. Pois nele vivemos, nos movemos e existimos. Como disseram alguns de seus próprios poetas: 'Somos descendência dele'. E, por ser isso verdade, não devemos imaginar Deus como um ídolo de ouro, prata ou pedra, projetado por artesãos.

"No passado, Deus não levou em conta a ignorância das pessoas acerca dessas coisas, mas agora ele ordena que todos, em todo lugar, se arrependam. Pois ele estabeleceu um dia para julgar o mundo com justiça, por meio do homem que ele designou, e mostrou a todos quem é esse homem ao ressuscitá-lo dos mortos".

Quando ouviram Paulo falar da ressurreição dos mortos, alguns riram com desprezo. Outros, porém, disseram: "Queremos ouvir mais sobre isso em outra ocasião". Então Paulo se retirou do conselho, mas alguns se juntaram a ele e creram. Entre eles estavam Dionísio, membro do conselho, uma mulher chamada Dâmaris, e alguns outros.

Algum tempo depois, Paulo deixou Atenas e foi para Corinto. Ali encontrou um judeu chamado Áquila, natural do Ponto, que havia chegado recentemente da Itália com sua esposa, Priscila, depois que Cláudio César expulsou todos os judeus de Roma. Paulo foi morar e trabalhar com eles, pois eram fabricantes de tendas, como ele.

Todos os sábados, Paulo ia à sinagoga e buscava convencer tanto judeus como gregos. Depois que Silas e Timóteo chegaram da Macedônia, Paulo se dedicou totalmente à pregação da palavra e testemunhava aos judeus que Jesus era o Cristo. Mas, quando eles se opuseram a Paulo e o insultaram, ele sacudiu o pó da roupa e disse: "Vocês são responsáveis por sua própria destruição! Eu sou inocente. De agora em diante, pregarei aos gentios".

Então saiu dali e foi à casa de Tício Justo, um gentio temente a Deus que morava ao lado da sinagoga. Crispo, o líder da sinagoga, e toda a sua família creram no Senhor. Muitos outros em Corinto também ouviram Paulo, creram e foram batizados.

Certa noite, o Senhor falou a Paulo numa visão: "Não tenha medo! Continue a falar e não se cale, pois estou com você, e ninguém o atacará nem lhe fará mal, porque muita gente nesta cidade me pertence". Então Paulo permaneceu ali um ano e meio, ensinando a palavra de Deus.

Quando Gálio se tornou governador da Acaia, alguns judeus se levantaram contra Paulo e o levaram diante do governador para ser julgado. Eles o acusaram de convencer as pessoas a adorar a Deus de maneira contrária à lei judaica.

Mas, assim que Paulo começou a apresentar sua defesa, Gálio se voltou para os acusadores e disse: "Ouçam, judeus! Se sua queixa envolvesse algum delito ou crime grave, eu teria motivo para aceitar o caso. Mas, como se trata apenas de uma questão de palavras e nomes e da sua lei, resolvam isso vocês mesmos. Recuso-me a julgar essas coisas". E os expulsou do tribunal.

A multidão agarrou Sóstenes, o novo líder da sinagoga, e o espancou ali mesmo, no tribunal. Gálio, no entanto, não se importou com isso.

Paulo ainda permaneceu em Corinto por algum tempo. Então se despediu dos irmãos e foi a Cencreia, onde raspou a cabeça, de acordo com o costume judaico para marcar o fim de um voto. Em seguida, partiu de navio para a Síria, levando consigo Priscila e Áquila.

Chegaram ao porto de Éfeso, onde Paulo os deixou. Enquanto estava ali, foi à sinagoga para debater com os judeus. Eles pediram que ficasse mais tempo, mas ele recusou. Ao despedir-se, Paulo disse: "Voltarei depois, se Deus quiser". Então zarpou de Éfeso. A parada seguinte foi no porto de Cesareia, de onde subiu a Jerusalém e visitou a igreja. Em seguida, voltou para Antioquia.

Depois de passar algum tempo ali, voltou pela Galácia e pela Frígia, visitando e fortalecendo todos os discípulos.

Enquanto isso, chegou a Éfeso vindo de Alexandria, no Egito, um judeu chamado Apolo. Era um orador eloquente que conhecia bem as Escrituras. Tinha sido instruído no caminho do Senhor e ensinava a respeito de Jesus com profundo entusiasmo e exatidão, embora só conhecesse o batismo de João. Quando o ouviram falar corajosamente na sinagoga, Priscila e Áquila o chamaram de lado e lhe explicaram com mais exatidão o caminho de Deus.

Apolo queria percorrer a Acaia, e os irmãos de Éfeso o incentivaram. Escreveram uma carta aos discípulos de lá, pedindo que o recebessem bem. Ao chegar, foi de grande ajuda àqueles que, pela graça, haviam crido, pois, em debates públicos, refutava os judeus com fortes argumentos. Usando as Escrituras, demonstrava-lhes que Jesus é o Cristo.

Enquanto Apolo estava em Corinto, Paulo viajou pelas regiões do interior até chegar a Éfeso, no litoral, onde encontrou alguns discípulos. Ele lhes perguntou: "Vocês receberam o Espírito Santo quando creram?".

"Não", responderam eles. "Nem sequer ouvimos que existe o Espírito Santo."

"Então que batismo vocês receberam?", perguntou ele.

"O batismo de João", responderam.

Paulo disse: "João batizava com o batismo de arrependimento, dizendo ao povo que cresse naquele que viria depois, isto é, em Jesus".

Assim que ouviram isso, foram batizados em nome do Senhor Jesus. Paulo lhes impôs as mãos e o Espírito Santo veio sobre eles, e falaram em línguas e profetizaram. Eram ao todo uns doze homens.

Em seguida, Paulo foi à sinagoga e ali pregou corajosamente durante três meses, argumentando de modo convincente sobre o reino de Deus. Mas alguns deles se mostraram endurecidos, rejeitaram a mensagem e falaram publicamente contra o Caminho. Paulo, então, deixou a sinagoga e levou consigo os discípulos, passando a realizar discussões diárias na escola de Tirano. Isso continuou durante os dois anos seguintes, e gente de toda a província da Ásia, tanto judeus como gregos, ouviu a palavra do Senhor.

Deus concedeu a Paulo o poder de realizar milagres extraordinários. Quando lenços ou aventais usados por ele eram colocados sobre enfermos, estes eram curados de suas doenças e deles saíam espíritos malignos.

Alguns judeus viajavam pelas cidades expulsando espíritos malignos. Tentavam usar o nome do Senhor Jesus, dizendo: "Ordeno que saia em nome de Jesus, a quem Paulo anuncia!". Os homens que faziam isso eram os sete filhos de Ceva, um dos principais sacerdotes. Certa ocasião, o espírito maligno respondeu: "Eu conheço Jesus e conheço Paulo, mas quem são vocês?". O homem possuído pelo espírito maligno saltou em cima deles e os atacou com tanta violência que fugiram da casa, despidos e feridos.

A notícia do ocorrido se espalhou rapidamente por toda a cidade de Éfeso, tanto entre judeus como entre gregos, e sobre eles veio um temor reverente, e o nome do Senhor Jesus era engrandecido. Muitos dos que creram confessaram suas obras pecaminosas. Vários deles, que haviam praticado feitiçaria, trouxeram seus livros de encantamentos e os queimaram publicamente. O valor dos livros totalizou cinquenta mil moedas de prata.

Assim, a mensagem a respeito do Senhor se espalhou amplamente e teve efeito poderoso.

+ + +

Depois disso, Paulo se sentiu impelido pelo Espírito a passar pela Macedônia e a Acaia antes de ir a Jerusalém. "E, de lá, devo prosseguir para Roma!", disse ele. Então, enviou adiante dele à Macedônia dois assistentes, Timóteo e Erasto, e permaneceu um pouco mais na província da Ásia.

Por essa época, houve enorme tumulto em Éfeso por causa do Caminho. Começou com Demétrio, ourives que fabricava modelos de prata do templo da deusa grega Ártemis e que empregava muitos artífices. Ele os reuniu a outros que trabalhavam em ofícios semelhantes e disse:

"Senhores, vocês sabem que nossa prosperidade vem deste empreendimento. Mas, como vocês viram e ouviram, esse sujeito, Paulo, convenceu muita gente de que deuses feitos por mãos humanas não são deuses de verdade. Fez isso não apenas aqui em Éfeso, mas em toda a província. Claro que não me refiro apenas à perda do respeito público por nossa atividade. Também me preocupa que o templo da grande deusa Ártemis perca sua influência e que esta deusa magnífica, adorada em toda a província da Ásia e ao redor do mundo, seja destituída de seu grande prestígio!".

Ao ouvir isso, ficaram furiosos e começaram a gritar: "Grande é Ártemis dos efésios!". Em pouco tempo, a cidade toda estava uma confusão. O povo correu para o anfiteatro, arrastando os macedônios Gaio e Aristarco, companheiros de viagem de Paulo. Ele também quis entrar, mas os discípulos não permitiram. Alguns amigos de Paulo, oficiais da província, também lhe enviaram um recado no qual suplicaram que não arriscasse a vida entrando no anfiteatro.

Lá dentro, em polvorosa, o povo todo gritava, e cada um dizia uma coisa. Na verdade, a maioria nem sabia por que estava ali. Entre a multidão, os judeus empurraram Alexandre para a frente e ordenaram que explicasse a situação. Ele fez sinal pedindo silêncio e tentou falar. No entanto, quando a multidão percebeu que ele era judeu, começou a gritar novamente e continuou por cerca de duas horas: "Grande é Ártemis dos efésios!".

Por fim, o escrivão da cidade conseguiu acalmar a multidão e disse: "Cidadãos de Éfeso, todos sabem que Éfeso é a guardiã do templo da grande Ártemis, cuja imagem caiu do céu para nós. Portanto, sendo este um fato inegável, acalmem-se e não façam nada precipitadamente. Vocês trouxeram estes homens aqui, mas eles não roubaram nada do templo nem disseram coisa alguma contra nossa deusa.

"Se Demétrio e seus artífices têm alguma queixa contra eles, os tribunais estão abertos e há oficiais disponíveis para ouvir o caso. Que façam acusações formais. E, se há outras queixas que desejam apresentar, elas podem ser resolvidas em assembleia, conforme a lei. Corremos o perigo de ser acusados de provocar desordem, pois não há motivo para este tumulto. E, se exigirem de nós uma explicação, não teremos o que dizer". Então os despediu, e a multidão se dispersou.

Passado o tumulto, Paulo mandou chamar os discípulos e os encorajou. Então se despediu e partiu para a Macedônia. Enquanto estava lá, encorajou os discípulos em todas as cidades por onde passou. Em seguida, desceu à Grécia, onde ficou por três meses. Quando se preparava para navegar de volta à Síria, descobriu que alguns judeus conspiravam contra sua vida e decidiu voltar pela Macedônia.

Alguns homens viajavam com ele: Sópatro, filho de Pirro, de Bereia; Aristarco e Secundo, de Tessalônica; Gaio, de Derbe; Timóteo; e Tíquico e Trófimo, da província da Ásia. Eles foram adiante e esperaram por nós em Trôade. Terminada a Festa dos Pães sem Fermento, embarcamos num navio em Filipos e, cinco dias depois, nos reencontramos em Trôade, onde ficamos uma semana.

No primeiro dia da semana, nos reunimos com os irmãos de lá para o partir do pão. Paulo começou a falar ao povo e, como pretendia embarcar no dia seguinte, continuou até a meia-noite. A sala no andar superior onde estávamos reunidos era iluminada por muitas lamparinas. O discurso de Paulo se estendeu por horas, e um jovem chamado Êutico, que estava sentado no parapeito da janela, ficou muito sonolento. Por fim, adormeceu profundamente, caiu de uma altura de três andares e morreu. Paulo desceu, inclinou-se sobre o jovem e o abraçou. "Não se desesperem", disse ele. "O rapaz está vivo!" Então todos subiram novamente, partiram o pão e comeram juntos. Paulo continuou a lhes falar até o amanhecer e depois partiu. Enquanto isso, o jovem foi levado para casa vivo, e todos sentiram grande alívio.

Paulo foi por terra até Assôs, onde havia definido que devíamos esperar por ele, enquanto nós fomos de navio. Encontrou-se conosco em Assôs e navegamos juntos até Mitilene. No dia seguinte, passamos em frente à ilha de Quios. No outro dia, atravessamos para a ilha de Samos e, um dia depois, chegamos a Mileto.

Paulo havia decidido não aportar em Éfeso, pois não queria passar mais tempo na província da Ásia. Tinha pressa de chegar a Jerusalém, se possível, para a Festa de Pentecostes. Por isso, em Mileto, mandou chamar os presbíteros da igreja de Éfeso.

Quando chegaram, ele lhes disse: "Vocês sabem que, desde o dia em que pisei na província da Ásia até agora, fiz o trabalho do Senhor humildemente e com muitas lágrimas. Suportei as provações decorrentes das intrigas dos judeus e jamais deixei de dizer a vocês o que precisavam ouvir, seja publicamente, seja em seus lares. Anunciei uma única mensagem tanto para judeus como para gregos: é necessário que se arrependam, se voltem para Deus e tenham fé em nosso Senhor Jesus.

"Agora, impelido pelo Espírito, vou a Jerusalém. Não sei o que me espera ali, senão que o Espírito Santo me diz, em todas as cidades, que tenho pela frente prisão e sofrimento. Mas minha vida não vale coisa alguma para mim, a menos que eu a use para completar minha carreira e a missão que me foi confiada pelo Senhor Jesus: dar testemunho das boas-novas da graça de Deus.

"Agora sei que nenhum de vocês, a quem anunciei o reino, me verá outra vez. Por isso, declaro hoje que, se alguém se perder, não será por minha culpa, pois não deixei de anunciar tudo que Deus quer que vocês saibam.

"Portanto, cuidem de si mesmos e do rebanho sobre o qual o Espírito Santo os colocou como bispos, a fim de pastorearem sua igreja, comprada com seu próprio sangue. Sei que depois de minha partida surgirão em seu meio falsos mestres, lobos ferozes que não pouparão o rebanho. Até mesmo entre vocês se levantarão homens que distorcerão a verdade a fim de conquistar seguidores. Portanto, vigiem! Lembrem-se dos três anos que estive com vocês, de como dia e noite nunca deixei de aconselhar com lágrimas cada um de vocês.

"E, agora, eu os entrego a Deus e à mensagem de sua graça que pode edificá-los e dar-lhes uma herança junto com todos que ele separou para si.

"Jamais cobicei a prata, o ouro ou as roupas de alguém. Vocês sabem que estas minhas mãos trabalharam para prover as minhas necessidades e as dos que estavam comigo. Fui exemplo constante de como podemos, com trabalho árduo, ajudar os necessitados, lembrando as palavras do Senhor Jesus: 'Há bênção maior em dar que em receber'".

Quando Paulo terminou de falar, ajoelhou-se e orou com eles. Todos choraram muito enquanto se despediam dele com abraços e beijos. O que mais os entristeceu foi ele ter dito que nunca mais o veriam. Então eles o acompanharam até o navio.

Depois de nos despedirmos, navegamos em direção à ilha de Cós. No dia seguinte, chegamos a Rodes e, então, a Pátara. Ali, embarcamos num navio que partia para a Fenícia. Avistamos a ilha de Chipre, passamos por ela à nossa esquerda e aportamos em Tiro, na Síria, onde o navio deixaria sua carga.

No desembarque, encontramos os discípulos que ali viviam e ficamos com eles por uma semana. Pelo Espírito, eles advertiam Paulo de que não fosse a Jerusalém. Ao fim de nosso tempo ali, voltamos ao navio, e toda a congregação, incluindo mulheres e crianças, saiu da cidade e nos acompanhou até a praia. Ali nos ajoelhamos, oramos e nos despedimos. Então subimos a bordo, e eles voltaram para casa.

Depois que partimos de Tiro, chegamos a Ptolemaida, onde saudamos os irmãos e passamos um dia. No dia seguinte, prosseguimos para Cesareia e nos hospedamos na casa de Filipe, o evangelista, um dos sete que tinham servido na igreja em Jerusalém. Ele tinha quatro filhas solteiras que profetizavam.

Muitos dias depois, chegou da Judeia um profeta chamado Ágabo. Ele veio ao nosso encontro, tomou o cinto de Paulo e com ele amarrou os próprios pés e as mãos. Em seguida, disse: "O Espírito Santo declara: 'Assim o dono deste cinto será amarrado pelos judeus, em Jerusalém, e entregue aos gentios'". Ao ouvir isso, nós e os irmãos dali suplicamos a Paulo que não fosse a Jerusalém.

Ele, porém, disse: "Por que todo esse choro? Assim vocês me partem o coração! Estou pronto não apenas para ser preso em Jerusalém, mas para morrer pelo Senhor Jesus". Quando ficou evidente que não conseguiríamos fazê-lo mudar de ideia, desistimos e dissemos: "Que seja feita a vontade do Senhor".

Depois disso, arrumamos nossas coisas e partimos para Jerusalém. Alguns discípulos de Cesareia nos acompanharam e nos levaram à casa de Mnasom, nascido em Chipre e um dos primeiros discípulos. Quando chegamos a Jerusalém, os irmãos nos deram calorosas boas-vindas.

No dia seguinte, Paulo foi conosco a um encontro com Tiago, e todos os presbíteros da igreja de Jerusalém estavam presentes. Depois que Paulo os cumprimentou, relatou em detalhes o que Deus havia realizado entre os gentios por meio de seu ministério.

Quando ouviram isso, louvaram a Deus e disseram: "Você sabe, irmão, quantos milhares de judeus também creram, e todos eles seguem à risca a lei de Moisés. Mas eles foram informados de que você ensina todos os judeus que vivem entre os gentios a abandonarem a lei de Moisés. Ouviram que você os instrui a não circuncidarem os filhos nem seguirem os costumes judaicos. Que faremos? Certamente eles saberão que você chegou.

"Queremos que você faça o seguinte. Temos aqui quatro homens que cumpriram um voto. Vá com eles ao templo e participe da cerimônia de purificação. Pague as despesas para realizarem o ritual de raspar a cabeça. Então todos saberão que os rumores são falsos e que você mesmo cumpre as leis judaicas.

"Quanto aos convertidos gentios, devem fazer aquilo que pedimos por carta: abster-se de comer alimentos oferecidos a ídolos, de consumir o sangue ou a carne de animais estrangulados e de praticar a imoralidade sexual".

No dia seguinte, Paulo se purificou junto com aqueles homens e entrou no templo. Declarou quando terminariam os dias da purificação e quando seria oferecido o sacrifício em favor deles.

Estando os sete dias quase no fim, alguns judeus da província da Ásia viram Paulo no templo e incitaram a multidão contra ele. Agarraram-no, gritando: "Homens de Israel, ajudem-nos! Este é o homem que fala contra nosso povo em toda parte e ensina todos a desobedecerem às leis judaicas. Fala contra o templo e até profana este santo lugar, trazendo gentios para dentro dele". Antes tinham visto Paulo na cidade com Trófimo, um gentio de Éfeso, e concluíram que Paulo o havia levado para dentro do templo.

Toda a cidade se agitou com essas acusações, e houve grande tumulto. A multidão agarrou Paulo e o arrastou para fora do templo, e imediatamente foram fechadas as portas. Quando procuravam matar Paulo, chegou ao comandante do regimento romano a notícia de que toda a Jerusalém estava em rebuliço. No mesmo instante, ele chamou seus soldados e oficiais e correu para o meio da multidão. Quando viram o comandante e os soldados se aproximarem, pararam de espancar Paulo.

Então o comandante o prendeu e mandou que o amarrassem com duas correntes. Em seguida, perguntou à multidão quem era ele e o que havia feito. Uns gritavam uma coisa, outros gritavam outra. Não conseguindo descobrir a verdade no meio de todo o tumulto, ordenou que Paulo fosse levado à fortaleza. Quando Paulo chegou às escadas, o povo se tornou tão violento que os soldados tiveram de levantá-lo nos ombros para protegê-lo. E a multidão foi atrás, gritando: "Matem-no! Matem-no!".

Quando Paulo estava para ser levado à fortaleza, disse ao comandante: "Posso ter uma palavra com o senhor?".

Surpreso, o comandante perguntou: "Você fala grego? Não é você o egípcio que liderou uma rebelião algum tempo atrás e levou consigo ao deserto quatro mil assassinos?".

"Não", respondeu Paulo. "Sou judeu e cidadão de Tarso, cidade importante da Cilícia. Por favor, permita-me falar a esta gente." O comandante concordou, de modo que Paulo ficou em pé na escadaria e fez sinal para o povo se calar. Logo, um silêncio profundo envolveu a multidão, e ele lhes falou em aramaico, o idioma deles.

"Irmãos e pais", disse Paulo. "Ouçam-me enquanto apresento minha defesa." Quando o ouviram falar em aramaico, o silêncio foi ainda maior.

Então Paulo disse: "Sou judeu, nascido em Tarso, cidade da Cilícia. Fui criado aqui em Jerusalém e educado por Gamaliel. Como aluno dele, fui instruído rigorosamente em nossas leis e nos costumes judaicos. Tornei-me muito zeloso de honrar a Deus em tudo que fazia, como vocês são hoje. E fui ao encalço dos seguidores do Caminho, perseguindo alguns até a morte, prendendo homens e mulheres e lançando-os na prisão. O sumo sacerdote e todo o conselho dos líderes do povo podem confirmar isso. Recebi deles cartas para nossos irmãos judeus em Damasco que me autorizavam a trazer os seguidores do Caminho de lá para Jerusalém, em cadeias, para serem castigados.

"Quando me aproximava de Damasco, por volta do meio-dia, de repente uma luz muito intensa brilhou ao meu redor. Caí no chão e ouvi uma voz que me disse: 'Saulo, Saulo, por que você me persegue?'.

"'Quem és tu, Senhor?', perguntei.

"E a voz respondeu: 'Sou Jesus, o nazareno, a quem você persegue'. Os que me acompanhavam viram a luz, mas não entenderam a voz daquele que falava comigo.

"Então perguntei: 'Que devo fazer, Senhor?'.

"E o Senhor me disse: 'Levante-se e entre em Damasco, onde lhe dirão tudo que você deve fazer'.

"A luz intensa havia me deixado cego, e meus companheiros tiveram de levar-me pela mão a Damasco. Vivia ali Ananias, um homem devoto, dedicado à lei e muito respeitado por todos os judeus da cidade. Ele veio, colocou-se ao meu lado e disse: 'Irmão Saulo, volte a enxergar'. E, naquele mesmo instante, pude vê-lo.

"Então ele disse: 'O Deus de nossos antepassados escolheu você para conhecer a vontade dele e para ver o Justo e ouvi-lo falar. Você será testemunha dele, dizendo a todos o que viu e ouviu. O que está esperando? Levante-se e seja batizado! Fique limpo de seus pecados invocando o nome do Senhor'.

"Depois que voltei a Jerusalém, estava orando no templo e tive uma visão, na qual o Senhor me dizia: 'Depressa! Saia de Jerusalém, pois o povo daqui não aceitará seu testemunho a meu respeito'.

"E eu respondi: 'Senhor, sem dúvida eles sabem que em cada sinagoga eu prendia e açoitava aqueles que criam em ti. E quando Estêvão, tua testemunha, foi morto, eu estava inteiramente de acordo. Fiquei ali e guardei os mantos que eles tiraram quando foram apedrejá-lo'.

"Mas o Senhor me disse: 'Vá, pois eu o enviarei para longe, para os gentios'".

A multidão ouviu Paulo até ele dizer essa palavra. Então começaram a gritar: "Fora com esse sujeito! Ele não merece viver!". Gritavam, arrancavam seus mantos e jogavam poeira para o alto.

O comandante trouxe Paulo para dentro e ordenou que ele fosse açoitado e interrogado a fim de descobrir por que a multidão tinha ficado tão furiosa. Quando amarravam Paulo para açoitá-lo, ele disse ao oficial que estava ali: "A lei permite açoitar um cidadão romano sem que ele tenha sido julgado?".

Ao ouvir isso, o oficial foi ao comandante e perguntou: "O que o senhor está fazendo? Este homem é cidadão romano!".

O comandante perguntou a Paulo: "Diga-me, você é cidadão romano?".

Ele respondeu: "Sim, eu sou".

"Eu também", disse o comandante. "E paguei caro por minha cidadania!"

Paulo respondeu: "Mas eu sou cidadão de nascimento".

Quando os soldados que estavam prestes a interrogar Paulo ouviram que ele era cidadão romano, retiraram-se de imediato. Até mesmo o comandante ficou com medo ao saber que Paulo era cidadão romano, pois tinha mandado amarrá-lo.

No dia seguinte, o comandante ordenou que os principais sacerdotes se reunissem com o conselho dos líderes do povo. Queria descobrir exatamente qual era o problema, por isso soltou Paulo e mandou que o trouxessem diante deles.

Paulo olhou fixamente para o conselho dos líderes do povo e disse: "Irmãos, tenho vivido diante de Deus com a consciência limpa".

No mesmo instante, o sumo sacerdote Ananias ordenou aos que estavam perto de Paulo que lhe dessem um tapa na boca. Então Paulo lhe disse: "Deus o ferirá, seu grande hipócrita! Que espécie de juiz é o senhor, desrespeitando a lei ao mandar me agredir dessa forma?".

Os que estavam perto de Paulo lhe disseram: "Você ousa insultar o sumo sacerdote de Deus?".

"Irmãos, não sabia que ele era o sumo sacerdote", respondeu Paulo. "Pois as Escrituras dizem: 'Não fale mal de suas autoridades'."

Sabendo Paulo que alguns membros do conselho dos líderes do povo eram saduceus e outros fariseus, gritou: "Irmãos, sou fariseu, como eram meus antepassados! E estou sendo julgado por causa de minha esperança na ressurreição dos mortos!".

Quando Paulo disse isso, o conselho se dividiu, fariseus contra saduceus, pois os saduceus afirmam não haver ressurreição, nem anjos, nem espíritos, mas os fariseus creem em todas essas coisas. Houve grande alvoroço. Alguns dos mestres da lei que eram fariseus se levantaram e começaram a discutir energicamente. "Não vemos nada de errado com este homem!", gritavam. "Talvez um espírito ou um anjo tenha falado a ele!" A discussão ficou cada vez mais violenta, e o comandante teve medo de que Paulo fosse feito em pedaços. Assim, ordenou que os soldados o retirassem à força e o levassem de volta à fortaleza.

Naquela noite, o Senhor apareceu a Paulo e disse: "Tenha ânimo, Paulo! Assim como você testemunhou a meu respeito aqui em Jerusalém, deve fazê-lo também em Roma".

Na manhã seguinte, alguns judeus se juntaram para conspirar, jurando solenemente que não comeriam nem beberiam antes de matar Paulo. A conspiração envolveu mais de quarenta homens. Foram aos principais sacerdotes e aos líderes do povo e lhes disseram: "Juramos solenemente, sob pena de castigo divino, que não comeremos nem beberemos antes de matar Paulo. Agora peçam, vocês e o conselho dos líderes do povo, que o comandante traga Paulo de volta ao conselho. Finjam que os senhores desejam examinar o caso com mais detalhes. Nós o mataremos no caminho".

Contudo, o sobrinho de Paulo, filho de sua irmã, soube do plano deles e foi à fortaleza contar a seu tio. Então Paulo mandou chamar um dos oficiais romanos e disse: "Leve este rapaz ao comandante. Ele tem algo importante para lhe contar".

O oficial o levou ao comandante e explicou: "O preso Paulo me chamou e pediu que eu trouxesse ao senhor este rapaz, pois ele tem algo a lhe contar".

O comandante tomou o rapaz pela mão e o levou à parte. "O que você quer me dizer?", perguntou.

O sobrinho de Paulo respondeu: "Alguns judeus pedirão que o senhor apresente Paulo diante da reunião do conselho amanhã, fingindo que desejam obter mais informações. Não acredite neles. Há mais de quarenta homens emboscados para matar Paulo. Juraram solenemente, sob pena de castigo divino, que não comeriam nem beberiam antes de matá-lo. Estão de prontidão, apenas esperando sua permissão".

O comandante despediu o rapaz e o advertiu: "Não deixe ninguém saber que você me contou isso".

Então o comandante chamou dois de seus oficiais e ordenou: "Preparem duzentos soldados para partir a Cesareia hoje às nove da noite. Levem também duzentos lanceiros e setenta soldados a cavalo. Providenciem um cavalo para Paulo e levem-no em segurança ao governador Félix". Em seguida, escreveu a seguinte carta ao governador:

> "De Cláudio Lísias ao excelentíssimo governador Félix. Saudações.
>
> "Este homem foi capturado por alguns judeus que estavam prestes a matá-lo quando cheguei com meus soldados. Ao ser informado de que ele era cidadão romano, transferi-o para um lugar seguro. Então levei-o diante do conselho supremo dos judeus para investigar o motivo das acusações. Não demorei a descobrir que ele era acusado de algo relacionado à lei religiosa, sem dúvida nada que justificasse a pena de morte ou mesmo a prisão. Fui informado, porém, de uma conspiração para matá-lo e enviei-o de imediato ao senhor. Também informei aos acusadores que devem apresentar suas denúncias diante do senhor".

Naquela noite, os soldados cumpriram as ordens que haviam recebido e levaram Paulo até Antipátride. Voltaram à fortaleza na manhã seguinte, enquanto a cavalaria prosseguiu com ele. Quando chegaram a Cesareia, apresentaram Paulo e a carta ao governador Félix. O governador leu a carta e perguntou a Paulo de que província ele era. "Da Cilícia", respondeu Paulo.

"Ouvirei seu caso pessoalmente quando seus acusadores chegarem", disse o governador. Em seguida, ordenou que Paulo fosse mantido na prisão do palácio que Herodes havia construído.

Cinco dias depois, o sumo sacerdote Ananias chegou com alguns dos líderes do povo e um advogado chamado Tértulo para exporem ao governador sua causa contra Paulo. Quando Paulo foi chamado, Tértulo apresentou as acusações:

"Excelentíssimo Félix, o senhor tem proporcionado a nós, judeus, um longo período de paz e, com perspicácia, tem realizado reformas que muito nos beneficiam. Por todas essas coisas nós lhe somos extremamente gratos.

Contudo, não desejo tomar seu tempo, por isso peço sua atenção apenas por um momento. Constatamos que este homem é um perturbador, que vive causando tumultos entre os judeus de todo o mundo. É o principal líder da seita conhecida como os Nazarenos. Quando o prendemos, estava tentando profanar o templo. Nós queríamos julgá-lo de acordo com nossa lei, mas Lísias, o comandante do regimento, usou de força e o tirou de nossas mãos, e ordenou a nós, os acusadores, que nos apresentássemos perante o senhor. Nossas acusações poderão ser confirmadas quando o senhor interrogar Paulo pessoalmente". Os outros judeus concordaram e declararam ser verdadeiro o que Tértulo tinha dito.

Quando Paulo recebeu um sinal do governador para falar, disse: "Sei que o senhor tem julgado questões dos judeus há muitos anos e, portanto, apresento-lhe minha defesa de bom grado. O senhor poderá verificar com facilidade que cheguei a Jerusalém não mais que doze dias atrás para adorar no templo. Meus acusadores não me encontraram discutindo com ninguém no templo, nem causando tumulto em nenhuma sinagoga, nem nas ruas da cidade. Eles não podem provar as acusações que fazem contra mim.

"Reconheço, porém, que sou seguidor do Caminho, que eles chamam de seita. Adoro o Deus de nossos antepassados e creio firmemente na lei judaica e em tudo que está escrito nos profetas. Tenho em Deus a mesma esperança destes homens, de que ele ressuscitará tanto os justos como os injustos. Por isso, procuro sempre manter a consciência limpa diante de Deus e dos homens.

"Depois de estar ausente por vários anos, voltei a Jerusalém com dinheiro para ajudar meu povo e apresentar ofertas. Meus acusadores me viram no templo depois que completei minha cerimônia de purificação. Não havia multidão nenhuma ao meu redor e nenhum tumulto. Só estavam ali alguns judeus da Ásia, e são eles que deveriam estar aqui diante do senhor para me acusar, se têm algo contra mim. Pergunte a estes homens que aqui estão de que crimes o conselho dos líderes do povo me considerou culpado, exceto pela ocasião em que gritei: 'Estou sendo julgado diante dos senhores porque creio na ressurreição dos mortos!'".

Nesse momento, Félix, que tinha bastante conhecimento sobre o Caminho, interrompeu a audiência e disse: "Esperem até Lísias, o comandante do regimento, chegar. Então decidirei o caso de vocês". Ordenou que um oficial mantivesse Paulo sob custódia, mas lhe deu certa liberdade e permitiu que seus amigos o visitassem e providenciassem aquilo de que ele precisava.

Alguns dias depois, Félix voltou com sua esposa, Drusila, que era judia. Mandou chamar Paulo, e os dois ouviram enquanto ele lhes falava a respeito da fé em Cristo Jesus. Quando Paulo passou a falar da justiça divina, do domínio próprio e do dia do juízo que estava por vir, Félix teve medo e disse: "Pode ir, por enquanto. Quando for mais conveniente, mandarei chamá-lo outra vez". Félix também esperava que Paulo lhe oferecesse dinheiro, de modo que mandava buscá-lo com frequência e conversava com ele.

Assim se passaram dois anos, e Félix foi sucedido por Pórcio Festo. E, uma vez que Félix desejava obter a simpatia dos judeus, manteve Paulo na prisão.

Três dias depois que Festo chegou a Cesareia para assumir suas novas responsabilidades no governo da província, partiu para Jerusalém, onde os principais sacerdotes e outros líderes judeus se reuniram com ele e lhe apresentaram as acusações contra Paulo. Pediram a Festo, como favor, que transferisse Paulo para Jerusalém, pois planejavam armar uma emboscada para matá-lo no caminho. Festo respondeu que Paulo estava em Cesareia e que ele próprio voltaria para lá em breve. "Alguns de vocês que têm autoridade voltem comigo", disse ele. "Se Paulo tiver feito algo de errado, vocês poderão apresentar suas acusações."

Oito ou dez dias depois, Festo voltou a Cesareia e, no dia seguinte, convocou o tribunal e mandou que trouxessem Paulo. Quando Paulo chegou, os líderes judeus vindos de Jerusalém se juntaram ao seu redor e fizeram várias acusações graves que não podiam provar.

Paulo se defendeu: "Não sou culpado de nenhum crime contra as leis judaicas, nem contra o templo, nem contra o governo romano".

Então Festo, querendo agradar aos judeus, perguntou: "Você está disposto a ir a Jerusalém e ali ser julgado diante de mim?".

Paulo respondeu: "Este é um tribunal oficial romano, portanto devo ser julgado aqui mesmo. O senhor sabe muito bem que não fiz nenhum mal aos judeus. Se fiz algo para merecer a pena de morte, não me recuso a morrer. Mas, se sou inocente, ninguém tem o direito de me entregar a estes homens. Eu apelo para César".

Festo consultou seus conselheiros e, por fim, respondeu: "Muito bem, você apelou para César, então irá para César".

Alguns dias depois, o rei Agripa chegou com sua irmã, Berenice, para visitar Festo. Durante a estada deles, que durou vários dias, Festo discutiu o caso de Paulo com o rei. "Tenho aqui um prisioneiro que Félix deixou para mim", disse ele. "Quando estive em Jerusalém, os principais sacerdotes e líderes judeus apresentaram acusações contra ele e pediram que eu o condenasse. Eu lhes disse que a lei romana não condena ninguém sem julgamento. O acusado deve ter a oportunidade de confrontar seus acusadores e se defender.

“Quando eles vieram aqui para o julgamento, não me demorei. Convoquei o tribunal logo no dia seguinte e mandei chamar Paulo. Os judeus, porém, não o acusaram de nenhum dos crimes que eu esperava. Ao contrário, era algo relacionado à sua religião e a um morto chamado Jesus, que Paulo insiste que está vivo. Sem saber como investigar essas questões, perguntei a Paulo se estava disposto a ir a Jerusalém e ali ser julgado por essas acusações, mas ele apelou ao imperador para que julgue seu caso. Por isso, ordenei que fosse mantido sob custódia até eu tomar as providências necessárias para enviá-lo a César.”

Então Agripa disse a Festo: “Gostaria de ouvir esse homem pessoalmente”.

E Festo respondeu: “Amanhã poderá ouvi-lo!”.

No dia seguinte, Agripa e Berenice chegaram à sala de audiência com grande pompa, acompanhados de oficiais militares e homens importantes da cidade. Festo mandou trazer Paulo e, em seguida, disse: “Rei Agripa e demais presentes, este é o homem cuja morte é exigida pelos judeus tanto daqui como de Jerusalém. Em minha opinião, ele não fez coisa alguma para merecer a morte. Contudo, uma vez que apelou ao imperador para que julgue seu caso, decidi enviá-lo a Roma.

“Não sei, porém, o que escrever ao imperador, pois não há nenhuma acusação clara contra ele. Por isso eu o trouxe hoje diante dos senhores, especialmente do rei Agripa, para que, depois de o interrogarmos, eu tenha algo para escrever. Pois não faz sentido enviar um prisioneiro ao imperador sem especificar as acusações contra ele”.

Então Agripa disse a Paulo: “Você pode falar em sua defesa”.

Paulo fez um sinal com a mão e começou sua defesa: “Rei Agripa, considero-me feliz de ter hoje a oportunidade de lhe apresentar minha defesa contra todas as acusações feitas pelos líderes judeus, pois sei que conhece bem todos os costumes e controvérsias dos judeus. Portanto, peço que me ouça com paciência.

“Como os líderes judeus sabem muito bem, recebi educação judaica completa desde a infância entre meu povo e depois em Jerusalém. Também sabem, e talvez estejam dispostos a confirmar, que vivi como fariseu, a seita mais rígida de nossa religião. Agora estou sendo julgado por causa de minha esperança no cumprimento da promessa feita por Deus a nossos antepassados. De fato, é por isso que as doze tribos de Israel adoram a Deus fervorosamente, dia e noite, e compartilham da mesma esperança que eu. E, no entanto, ó rei, acusam-me por causa dessa esperança! Por que lhes parece tão incrível que Deus ressuscite os mortos?

"Eu costumava pensar que era minha obrigação empenhar-me em me opor ao nome de Jesus, o nazareno. Foi exatamente o que fiz em Jerusalém. Com autorização dos principais sacerdotes, fui responsável pela prisão de muitos dentre o povo santo. E eu votava contra eles quando eram condenados à morte. Muitas vezes providenciei que fossem castigados nas sinagogas, a fim de obrigá-los a blasfemar. Eu me opunha a eles com tanta violência que os perseguia até em cidades estrangeiras.

"Certo dia, numa dessas missões, dirigia-me a Damasco, autorizado e incumbido pelos principais sacerdotes. Por volta do meio-dia, ó rei, ainda a caminho, uma luz do céu, mais intensa que o sol, brilhou sobre mim e meus companheiros. Todos nós caímos no chão, e eu ouvi uma voz que me dizia em aramaico: 'Saulo, Saulo, por que você me persegue? Não adianta lutar contra minha vontade'.

"'Quem és tu, Senhor?', perguntei.

"E o Senhor respondeu: 'Sou Jesus, a quem você persegue. Agora levante-se, pois eu apareci para nomeá-lo meu servo e minha testemunha. Conte o que viu e o que eu lhe mostrarei no futuro. E eu o livrarei tanto de seu povo como dos gentios. Sim, eu o envio aos gentios para abrir os olhos deles a fim de que se voltem das trevas para a luz, e do poder de Satanás para Deus. Então receberão o perdão dos pecados e a herança entre o povo de Deus, separado pela fé em mim'.

"Portanto, rei Agripa, obedeci à visão celestial. Anunciei a mensagem primeiro em Damasco, depois em Jerusalém e em toda a Judeia, e também aos gentios, dizendo que todos devem arrepender-se, voltar-se para Deus e mostrar, por meio de suas boas obras, que mudaram de rumo. Alguns judeus me prenderam no templo por anunciar essa mensagem e tentaram me matar. Mas Deus tem me protegido até este momento, para que eu dê testemunho a todos, dos mais simples até os mais importantes. Não ensino nada além daquilo que os profetas e Moisés disseram que haveria de acontecer, que o Cristo sofreria e seria o primeiro a ressuscitar dos mortos e, desse modo, anunciaria a luz de Deus tanto aos judeus como aos gentios".

De repente, Festo gritou: "Paulo, você está louco! O excesso de estudo o fez perder o juízo!".

Mas Paulo respondeu: "Não estou louco, excelentíssimo Festo. Digo a mais sensata verdade, e o rei Agripa sabe dessas coisas. Expresso-me com ousadia porque tenho certeza de que esses acontecimentos são todos de conhecimento dele, pois não se passaram em algum canto escondido. Rei Agripa, o senhor crê nos profetas? Eu sei que sim".

Então Agripa o interrompeu: "Você acredita que pode me convencer a tornar-me cristão em tão pouco tempo?".

Paulo respondeu: "Em pouco ou em muito tempo, peço a Deus que tanto o senhor como os demais aqui presentes se tornem como eu, exceto por estas correntes".

Então o rei, o governador, Berenice e todos os outros se levantaram e se retiraram. Enquanto saíam, conversavam entre si e concordaram: "Esse homem não fez nada que mereça morte ou prisão".

E Agripa disse a Festo: "Ele poderia ser posto em liberdade se não tivesse apelado a César".

Quando chegou a hora, zarpamos para a Itália. Paulo e muitos outros prisioneiros foram colocados sob a guarda de um oficial romano chamado Júlio, capitão do Regimento Imperial. Aristarco, um macedônio de Tessalônica, nos acompanhou. Partimos num navio que tinha vindo do porto de Adramítio, no litoral noroeste da província da Ásia. Estavam previstas diversas paradas em portos ao longo da costa.

No dia seguinte, quando ancoramos em Sidom, Júlio demonstrou bondade a Paulo permitindo-lhe que desembarcasse para visitar amigos e receber ajuda material deles. Quando partimos de lá, fomos costeando a ilha de Chipre, devido aos ventos contrários que tornavam difícil manter o rumo. Prosseguindo por mar aberto, passamos pelo litoral da Cilícia e da Panfília, chegando a Mirra, na província de Lícia. Ali, o oficial no comando encontrou um navio egípcio de Alexandria que estava de partida para a Itália e nos fez embarcar.

Navegamos vagarosamente por vários dias e, depois de muita dificuldade, nos aproximamos de Cnido. Por causa dos ventos contrários, atravessamos para Creta, acompanhando o litoral menos exposto da ilha, defronte ao cabo de Salmona. Costeamos a ilha com grande esforço, até que chegamos a Bons Portos, perto da cidade de Laseia. Havíamos perdido muito tempo. As condições climáticas estavam se tornando perigosas para a navegação, pois se aproximava o fim do outono, e Paulo tratou dessa questão com os oficiais do navio.

Disse ele: "Senhores, se prosseguirmos, vejo que teremos problemas adiante. Haverá grande prejuízo para o navio e para a carga, e perigo para nossa vida". Mas o oficial encarregado dos prisioneiros deu mais ouvidos ao capitão e ao proprietário do navio que a Paulo. E, uma vez que Bons Portos era uma enseada aberta, um péssimo lugar para passar o inverno, a maioria da tripulação desejava ir a Fenice, que ficava mais adiante na costa de Creta, e passar o inverno ali. Fenice era um bom porto, com abertura apenas para o sudoeste e o noroeste.

Quando um vento leve começou a soprar do sul, os marinheiros pensaram que conseguiriam chegar lá a salvo. Por isso, levantaram âncora e foram costeando Creta. Mas o tempo mudou de repente, e um vento com força de furacão, chamado Nordeste, soprou sobre a ilha e nos empurrou para o mar aberto. Como os marinheiros não conseguiam manobrar o navio para ficar de frente para o vento, desistiram e deixaram que fosse levado pela tempestade.

Navegamos pelo lado menos exposto de uma pequena ilha chamada Cauda, onde, com muito custo, conseguimos içar para bordo o barco salva-vidas que viajava rebocado. Então os marinheiros amarraram cordas em volta do casco do navio para reforçá-lo. Temiam ser arrastados para os bancos de areia de Sirte, diante do litoral africano, por isso baixaram a âncora flutuante para desacelerar o navio e deixaram que fosse levado pelo vento.

No dia seguinte, como ventos com força de vendaval continuavam a castigar o navio, a tripulação começou a lançar a carga ao mar. No terceiro dia, removeram até mesmo parte do equipamento do navio e o jogaram fora. A tempestade terrível prosseguiu por muitos dias, escondendo o sol e as estrelas, até que perdemos todas as esperanças.

Fazia tempo que ninguém comia. Por fim, Paulo reuniu a tripulação e disse: "Os senhores deveriam ter me dado ouvidos no princípio e não ter deixado Bons Portos. Teriam evitado todo este prejuízo e esta perda. Mas tenham bom ânimo! O navio afundará, mas nenhum de vocês perderá a vida. Pois, ontem à noite, um anjo do Deus a quem pertenço e sirvo se pôs ao meu lado e disse: 'Não tenha medo, Paulo! É preciso que você compareça diante de César. E Deus, em sua bondade, concedeu proteção a todos que navegam com você'. Portanto, tenham bom ânimo! Creio em Deus; tudo ocorrerá exatamente como ele disse. É necessário, porém, que sejamos impulsionados para uma ilha".

Por volta da meia-noite, na décima quarta noite de tempestade, enquanto éramos levados de um lado para o outro no mar Adriático, os marinheiros perceberam que estávamos perto de terra firme. Lançaram a sonda e verificaram que a água tinha 37 metros de profundidade. Um pouco depois, lançaram a sonda novamente e encontraram apenas 27 metros. Temiam que, se continuássemos assim, seríamos atirados contra as rochas na praia. Por isso, lançaram quatro âncoras da parte de trás do navio e ansiavam para que o dia chegasse logo.

Dando a entender que iriam lançar as âncoras da parte da frente, os marinheiros baixaram o barco salva-vidas, na tentativa de abandonar o navio. Paulo, então, disse ao oficial no comando e aos soldados: "Se os marinheiros não permanecerem a bordo, vocês não conseguirão se salvar". Então os soldados cortaram as cordas do barco salva-vidas e o deixaram à deriva.

Enquanto amanhecia, Paulo insistiu que todos comessem. "De tão preocupados, vocês não se alimentam há duas semanas", disse ele.

"Por favor, comam alguma coisa agora, para seu próprio bem. Pois nem um fio de cabelo de sua cabeça se perderá." Em seguida, tomou um pão, deu graças a Deus na presença de todos, partiu-o em pedaços e comeu. Todos se animaram e começaram a comer. Havia um total de 276 pessoas a bordo. Depois de se alimentar, a tripulação aliviou o peso do navio mais um pouco, atirando ao mar toda a carga de trigo.

Ao amanhecer, não reconheceram a terra, mas viram uma enseada com uma praia e cogitaram se seria possível chegar ali e atracar o navio. Então cortaram as âncoras e as deixaram no mar. Depois, afrouxaram as cordas que controlavam os lemes, levantaram a vela da frente e foram rumo à praia, mas o navio foi apanhado entre duas correntezas contrárias e encalhou antes do esperado. A parte da frente se encravou e ficou imóvel, enquanto a parte de trás, atingida pela força das ondas, começou a se partir.

Os soldados queriam matar os prisioneiros para que não nadassem até a praia e depois fugissem. O oficial no comando, porém, desejava poupar a vida de Paulo e não permitiu que executassem seu plano. Ordenou aos que sabiam nadar que saltassem ao mar primeiro e fossem em direção a terra. Os outros se agarraram a tábuas ou pedaços do navio destruído. Assim, todos chegaram à praia em segurança.

Uma vez a salvo em terra, descobrimos que estávamos na ilha de Malta. O povo de lá nos tratou com muita bondade. Por ser um dia frio e chuvoso, fizeram uma fogueira na praia para nos receber.

Enquanto Paulo juntava um monte de gravetos e os colocava no fogo, uma cobra venenosa que fugia do calor mordeu sua mão. Quando os habitantes da ilha viram a cobra pendurada na mão de Paulo, disseram uns aos outros: "Sem dúvida ele é um assassino! Embora tenha escapado do mar, a justiça não lhe permitiu viver". Mas Paulo sacudiu a cobra no fogo e não sofreu nenhum mal. O povo esperava que ele inchasse ou caísse morto de repente. No entanto, depois de esperarem muito tempo e verem que nada havia acontecido, mudaram de ideia e começaram a dizer que ele era um deus.

Perto da praia, havia uma propriedade pertencente a Públio, a principal autoridade da ilha. Por três dias, ele nos hospedou e nos tratou com bondade. Aconteceu que o pai de Públio estava doente, com febre e disenteria. Paulo entrou, orou por ele e, impondo as mãos sobre sua cabeça, o curou. Então os demais enfermos da ilha vieram e foram curados. Como resultado, fomos cobertos de presentes e honras e, chegada a hora de partirmos, o povo nos forneceu todos os suprimentos necessários à viagem.

Três meses depois do naufrágio, embarcamos em outro navio, que havia passado o inverno na ilha. Era um navio alexandrino, que tinha na parte da frente a figura dos deuses gêmeos. Aportamos em Siracusa, onde ficamos três dias. Dali navegamos até Régio. Um dia depois, um vento sul começou a soprar, de modo que no dia seguinte prosseguimos até Potéoli. Ali encontramos alguns irmãos que nos convidaram a passar uma semana com eles. Depois fomos para Roma.

Os irmãos em Roma souberam que estávamos chegando e vieram ao nosso encontro no Fórum da Via Ápia. Outros se juntaram a nós nas Três Vendas. Ao vê-los, Paulo se animou e agradeceu a Deus.

Quando chegamos a Roma, Paulo recebeu permissão de ter sua própria moradia, sob a guarda de um soldado.

Três dias depois de chegar, Paulo convocou os líderes judeus locais e lhes disse: "Irmãos, embora eu não tenha feito nada contra nosso povo nem contra os costumes de nossos antepassados, fui preso em Jerusalém e entregue ao governo romano. Os romanos me interrogaram e queriam me soltar, pois não encontraram motivo para me condenar à morte. Mas, quando os líderes judeus protestaram contra a decisão, considerei necessário apelar a César, embora não tivesse acusação alguma contra meu próprio povo. Por isso pedi a vocês que viessem aqui hoje para que nos conhecêssemos, e também para que eu pudesse explicar que estou preso com estas correntes porque creio na esperança de Israel".

Eles responderam: "Não recebemos nenhuma carta da Judeia, e ninguém que veio de lá nos informou alguma coisa contra você. Contudo, queremos ouvir o que você pensa, pois o que sabemos a respeito desse movimento é que ele é contestado em toda parte".

Então marcaram uma data e, nesse dia, muita gente foi à casa de Paulo. Ele explicou e testemunhou sobre o reino de Deus e, desde cedo até a noite, procurou convencê-los acerca de Jesus com base na lei de Moisés e nos livros dos profetas. Alguns foram convencidos pelas coisas que ele disse, mas outros não creram. E, depois de discutirem entre si, foram embora com estas palavras finais de Paulo: "O Espírito Santo estava certo quando disse a nossos antepassados por meio do profeta Isaías:

> 'Vá e diga a este povo:
> Quando ouvirem o que digo,
> não entenderão.
> Quando virem o que faço,
> não compreenderão.
> Pois o coração deste povo está endurecido;
> ouvem com dificuldade
> e têm os olhos fechados,
> de modo que seus olhos não veem,
> e seus ouvidos não ouvem,

e seu coração não entende,
e não se voltam para mim,
nem permitem que eu os cure'.

Portanto, quero que saibam que esta salvação vinda de Deus também foi oferecida aos gentios, e eles a aceitarão". Depois de ele ter dito essas palavras, os judeus partiram, em grande desacordo uns com os outros.

Durante os dois anos seguintes, Paulo morou em Roma, às próprias custas. A todos que o visitavam ele recebia, proclamando corajosamente o reino de Deus e ensinando a respeito do Senhor Jesus Cristo sem restrição alguma.

AS FORMAS LITERÁRIAS DA BÍBLIA

Assim como a Palavra de Deus usa a linguagem humana existente, os autores inspirados também empregam formas literárias humanas existentes que permitem que as palavras sejam organizadas de maneira significativa. Esses diferentes tipos de escrita são chamados de *gêneros*.

Atualmente, a maioria de nós provavelmente está mais familiarizada com o conceito de gênero por assistir a filmes. Ao ver a cena de abertura, podemos identificar se é um faroeste, um *thriller* de ficção científica, uma comédia romântica ou um documentário. Quando sabemos de que tipo de filme se trata, sabemos quais expectativas devemos ter sobre o que pode ou não acontecer, como as coisas provavelmente se desenvolverão e como devemos interpretar o que está sendo mostrado. Essas expectativas, criadas por filmes anteriores e respeitadas pelos cineastas, são como um acordo com o público sobre como sua mensagem será comunicada e deverá ser interpretada.

Da mesma forma, os autores e editores da Bíblia, por meio da inspiração de Deus, usaram e respeitaram os gêneros de sua época. Talvez consigamos reconhecer alguns deles como semelhantes aos gêneros que conhecemos hoje, mas outros podem ser menos familiares.

Visto que entender os gêneros é fundamental para ler bem a Bíblia, descreveremos os principais tipos abaixo. As composições que refletem esses gêneros formam tanto livros inteiros quanto seções menores de livros mais longos, de modo que alguns livros bíblicos possuem mais de um gênero. Muitos dos estilos apresentados aqui serão explicados com mais detalhes nas introduções dos livros ou seções da Bíblia. Conforme indicado abaixo, os gêneros específicos empregados nas Escrituras podem ser divididos em duas categorias gerais de escrita: prosa e poesia.

GÊNEROS DE PROSA

- ***Histórias.*** As narrativas, ou histórias, entrelaçam os eventos de forma a mostrar que eles têm um significado maior. Normalmente, uma história situa o leitor em um lugar e tempo e introduz um conflito em seguida. Esse conflito se intensifica até atingir um clímax, seguido de uma resolução.

A narrativa é o gênero mais comumente usado na Bíblia, enfatizando que Deus se dá a conhecer principalmente por meio de Suas palavras e ações em eventos históricos específicos. Os textos bíblicos não ensinam sobre Deus de forma meramente abstrata; suas narrativas históricas são intencionalmente moldadas para destacar pontos-chave sobre o Criador e como Ele se relaciona com as pessoas e o mundo.

A Bíblia apresenta dois tipos especiais de histórias-dentro-de-histórias. Às vezes, uma pessoa conta algo para ilustrar um ponto sobre a narrativa mais ampla em que está envolvida. Essas histórias são chamadas de parábolas e eram uma das ferramentas de ensino favoritas de Jesus. Geralmente, elas descrevem situações da vida real, mas também podem ser fantasiosas às vezes, como a parábola de Jotão, no livro de Juízes, que usa árvores falantes como personagens. As pessoas em uma história também podem relatar *sonhos* e *visões* que tiveram. Nesse caso, elas não estão inventando uma história, mas relatando algo que viram. Esse subconjunto de narrativa fala em imagens e usa símbolos para representar realidades.

- ***Apocalipse.*** Significando "revelação", o apocalipse é um gênero antigo estruturado como uma narrativa, porém, composto inteiramente de *visões* que empregam símbolos vívidos que um visitante celestial revela a alguém. Essas visões revelam os segredos do mundo espiritual e, muitas vezes, o porvir. O livro de Apocalipse é composto inteiramente por esse gênero, enquanto o livro de Daniel é dividido entre narrativa e apocalipse. Elementos de apocalipse também aparecem em Isaías, Ezequiel e Zacarias.

- ***Cartas.*** Cerca de um terço dos livros da Bíblia são cartas que foram originalmente escritas por alguém para outra pessoa ou grupo. As cartas bíblicas seguem a forma das cartas antigas e possuem três partes: a abertura, o corpo principal e o encerramento. Na abertura, os escritores geralmente dão seu nome, dizem para quem estão escrevendo e oferecem uma palavra de agradecimento ou oração. O corpo principal trata dos assuntos da carta e, no encerramento, o escritor faz saudações, compartilha pedidos de oração e ora para que Deus abençoe os destinatários. Na Bíblia, as cartas são normalmente usadas por líderes para apresentar seus ensinamentos com autoridade a uma comunidade quando não estão fisicamente presentes.

- ***Leis.*** Também conhecidas como mandamentos, são instruções sobre o que fazer em situações específicas para viver como Deus deseja. Com menos frequência, as leis são declarações de princípios gerais a serem seguidos. Muitas leis bíblicas foram reunidas em grandes coleções, entretanto, ocasionalmente, foram colocadas em narrativas como parte da resolução de um conflito. As instruções divinas são mais frequentemente apresentadas nas Escrituras como parte dos acordos de aliança com Seu povo, contribuindo para Seus propósitos maiores de salvação.

- ***Sermões.*** São discursos públicos dirigidos a grupos que se reuniram para adoração ou para a celebração de uma ocasião especial. Normalmente, eles explicam o significado de partes anteriores da história da Bíblia para pessoas que vivem em uma parte posterior dessa história. A maioria dos sermões bíblicos é encontrada em narrativas, mas o livro de Hebreus é composto por quatro sermões que foram reunidos e depois enviados na mesma carta.

  O livro de Deuteronômio é uma série de sermões de Moisés para o povo de Israel quando eles estavam prestes a entrar na Terra Prometida. Partes dele assumem a forma de um *tratado* que os grandes reis fariam com os reis que os serviam. Os dez mandamentos são uma versão resumida desse tipo de tratado.

- ***Orações.*** Na Bíblia, elas são dirigidas a Deus e, geralmente, oferecidas em um ambiente público, embora, às vezes, sejam privadas. Elas podem incluir louvor, ação de graças, confissão e pedidos.

- ***Listas.*** Muitos tipos de listas são encontrados na Bíblia. Um dos mais comuns, a *genealogia*, é um registro dos ancestrais ou descendentes de alguém. Os textos bíblicos também incluem listas de coisas como ofertas, materiais de construção, territórios designados, paradas ao longo de viagens, oficiais da corte, censo da população e assim por diante. As listas bíblicas não são meramente informativas, mas, geralmente, apresentam um ponto de vista teológico ou fornecem verificação da conexão de alguém com o povo de Deus.

GÊNEROS POÉTICOS

A poesia hebraica não se baseia em repetição de som, na rima, mas de significado. Sua unidade essencial, o dístico, apresenta uma forma de paralelismo: uma linha afirma algo e a linha seguinte a repete, contrasta ou elabora, intensificando seu significado. Algumas vezes, para dar maior ênfase, esse recurso é expandido para uma unidade de três linhas, o tripleto.

A poesia frequentemente usa metáforas e outras linguagens figurativas para comunicar mensagens com mais força e emoção.

- ***Provérbios.*** São frases curtas, geralmente com duas linhas, embora possam ser mais longas eventualmente, que ensinam lições práticas para a vida no mundo de Deus. Os provérbios não são necessariamente promessas sobre como as coisas se desenrolarão, mas são, principalmente, descrições de maneiras sábias de viver.
- ***Cânticos.*** Poesia cantada. Na Bíblia, os cânticos são usados principalmente para celebração ou para luto e, nesse último caso, são chamados de lamentações. Eles são encontrados, com frequência, em narrativas, no entanto, alguns livros da Bíblia são coleções inteiras de canções.

  Os *salmos* são canções usadas por pessoas reunidas para adoração. Elas são mais frequentemente dirigidas a Deus como orações cantadas.
- ***Oráculos.*** Essas são mensagens de Deus transmitidas por profetas. Na Bíblia, os oráculos são mais comumente registrados em poesia; originalmente, podem ter sido cantados. Alguns oráculos são em prosa, mas mesmo esses geralmente usam linguagem simbólica semelhante a sonhos e visões. A maioria dos oráculos bíblicos é encontrada em coleções maiores do mesmo profeta; entretanto, o livro de Obadias consiste em um único oráculo.
- ***Diálogo poético.*** Utilizado em vários escritos antigos, o diálogo poético é uma conversa em que cada participante fala em forma de poesia. Na Bíblia, esse gênero é encontrado apenas no livro de Jó.

Uma boa leitura da Bíblia começa com o reconhecimento e, em seguida, com o respeito ao gênero de cada livro. Seguir essa prática ajudará a evitar erros de interpretação e nos permitirá descobrir o significado que os criadores da Bíblia pretendiam originalmente.

NOTA AOS LEITORES

A *NEW LIVING TRANSLATION* E A *NOVA VERSÃO TRANSFORMADORA*

A Bíblia Sagrada *New Living Translation* (NLT) é uma tradução da Bíblia em inglês contemporâneo. Publicada em 1996 pela Tyndale House Publishers, rapidamente, ela se tornou uma das traduções da Bíblia mais populares no mundo de língua inglesa. Com o rápido crescimento da influência da NLT, o Comitê de Tradução da Bíblia determinou que um investimento adicional em revisão acadêmica e refinamento do texto poderia torná-la ainda melhor. Assim, logo após sua publicação inicial, o comitê iniciou um processo de oito anos com o objetivo de aumentar o nível de precisão da NLT, mantendo a qualidade de fácil compreensão. Esse texto de segunda geração foi concluído em 2004.

No Brasil, esses métodos de tradução e edição mais recentes da NTL serviram de base para a tradução em língua portuguesa da Nova Versão Transformadora (NVT). A NVT é o resultado de um projeto iniciado em 2010 pela editora Mundo Cristão e um comitê de tradutores especializados nas línguas originais em que o texto bíblico foi redigido.

O objetivo de qualquer tradução da Bíblia é transmitir o significado e o conteúdo dos antigos textos em hebraico, aramaico e grego, da forma mais precisa possível, aos leitores contemporâneos. O desafio dos tradutores foi criar um texto que se comunicasse com os leitores de hoje tão clara e poderosamente quanto os textos originais se comunicavam com os leitores e ouvintes do mundo bíblico antigo. A tradução resultante é fácil de ler e entender e, ao mesmo tempo, comunica com precisão o significado e o conteúdo dos textos bíblicos originais. Assim como a NLT, a NVT apresenta um texto de uso geral, especialmente recomendado para leitura devocional, estudo e ministrações em cultos de adoração.

Esta Bíblia combina os mais recentes estudos bíblicos com um estilo de escrita claro e dinâmico. Ela apresenta a palavra de Deus de forma poderosa a todos que a lerem. Nós a publicamos com a oração de que Deus a use para falar de Sua verdade atemporal à Igreja e ao mundo de uma de uma maneira nova e revigorante.

Os editores

Para saber mais sobre a NVT, acesse:
https://www.mundocristao.com.br/blog/introducao-a-nova-versao-transformadora/

Conheça o comitê de tradução da NLT em:
https://www.tyndale.com/sites/nlt/meet-the-scholars/

ISRAEL

DURANTE A ÉPOCA DE JESUS

O IMPÉRIO ROMANO
DURANTE A EXPANSÃO DO CRISTIANISMO

Plano de leitura de 4 semanas

Instruções do plano de leitura: Sempre leia até a maior quebra da página onde cada leitura termina. Se houver mais de uma quebra maior, vá até a última. Se não houver quebras, leia até o final da página.

Semana 1	Lucas
Dia 1	pp. 1-6
Dia 2	pp. 6-12
Dia 3	pp. 13-19
Dia 4	pp. 19-25
Dia 5	pp. 25-31

Semana 2	Lucas
Dia 6	pp. 31-37
Dia 7	pp. 37-42
Dia 8	pp. 42-46
Dia 9	pp. 46-51
Dia 10	pp. 51-59

Semana 3	Atos
Dia 11	pp. 61-66
Dia 12	pp. 66-70
Dia 13	pp. 70-74
Dia 14	pp. 74-77
Dia 15	pp. 77-82

Semana 4	Atos
Dia 16	pp. 82-89
Dia 17	pp. 89-95
Dia 18	pp. 95-101
Dia 19	pp. 101-108
Dia 20	pp. 108-112

QUATRO PERGUNTAS PARA INICIAR A CONVERSA:

1. O que se destacou para você nesta semana?
2. Houve algo confuso ou preocupante?
3. Alguma coisa o fez pensar de forma diferente sobre Deus?
4. Como isso pode mudar sua maneira de viver?

Mais recursos da *Bíblia Imersão* estão disponíveis em:
www.ministeriospaodiario.org/imersaobiblica

NOTAS:

NOTAS:

SÉRIE BÍBLIA IMERSÃO

A ***BÍBLIA IMERSÃO*** vem em seis volumes e apresenta cada livro das Escrituras sem as distrações de números de capítulos e versículos, cabeçalhos de assuntos ou notas de rodapé. Ela foi projetada para facilitar a leitura, e especialmente para ser lida com outras pessoas. Ao se comprometer com apenas duas sessões de oito semanas por ano, você pode ler a Bíblia inteira em três anos. Entre nesse ciclo de leitura da *Bíblia Imersão* em três anos com seus amigos; e então repita quantas vezes quiser para uma vida inteira de envolvimento com a Palavra de Deus!

Imersão: Começos inclui os cinco primeiros livros da Bíblia, conhecidos como Torá, que significa “instrução”. Esses livros descrevem as origens da criação de Deus, a rebelião humana e a família de Israel, o povo que Ele escolheu para ser luz para todos os povos. Acompanhamos a comunidade da aliança desde seus primeiros ancestrais até o momento em que está prestes a entrar na Terra Prometida.

Imersão: Reinos conta a história de Israel desde a conquista de Canaã, no livro de Josué, passando pela luta para se instalar na terra, descrita em Juízes e Rute, e o estabelecimento do reino de Israel, que termina com um exílio forçado em Samuel–Reis. A nação de Israel, comissionada para ser luz divina para as nações, cai em divisão e depois é conquistada por estrangeiros por rejeitar o governo de Deus.

Imersão: Profetas apresenta os profetas do Antigo Testamento em agrupamentos que geralmente representam quatro períodos históricos: antes da queda do reino do norte de Israel, com Amós, Oseias, Miqueias e Isaías; antes da queda do reino do sul, com Sofonias, Naum e Habacuque; na época da destruição de Jerusalém, com Jeremias, Obadias, Ezequiel; e após o retorno do exílio, com Ageu, Zacarias, Malaquias, Joel e Jonas.

Imersão: Poetas apresenta os livros poéticos do Antigo Testamento em dois grupos, dividindo-os entre canções, com Salmos, Lamentações e Cântico dos Cânticos, e escritos de sabedoria, com Provérbios, Eclesiastes e Jó. Todos esses escritos refletem a fé cotidiana do povo de Deus ao viver seu relacionamento de aliança com Ele em adoração e vida sábia.

Imersão: Crônicas contém os demais livros do Antigo Testamento: Crônicas–Esdras–Neemias, Ester e Daniel. Todas essas obras foram escritas depois que o povo judeu caiu sob o controle de impérios estrangeiros e foi espalhado entre as nações. Elas os lembram de sua identidade e chamado para serem fiéis representantes de Deus às nações, e reafirmam que ainda há esperança para a dinastia de Davi, que está em dificuldades.

Imersão: Messias oferece uma jornada guiada exclusiva por todo o Novo Testamento. Cada seção principal é ancorada por um dos evangelhos, destacando a riqueza do testemunho quádruplo das Escrituras sobre Jesus, o Messias. Isso proporciona uma nova leitura do Novo Testamento, centrada em Cristo.